LE VIEIL INUK

LE VIEIL INUK

ANDRÉ VACHER

ÉDITIONS
MICHEL
QUINTIN

Données de catalogage avant publication (Canada)
Vacher, André
Le vieil Inuk

ISBN 2-89435-133-X

1. Canada (Nord). 2. Inuit - Moeurs et coutumes. I. Titre.

E99.E7V221 1999b   971'.0049712   C99-941637-5

Illustration: Sylvain Tremblay
Infographie: Tecni-Chrome
Conception graphique: Standish Communications

La publication de cet ouvrage a été réalisée grâce au soutien financier
de la SODEC et du Conseil des Arts du Canada.
De plus, les Éditions Michel Quintin bénéficient de l'aide financière
du gouvernement du Canada par l'entremise du Programme d'aide
au développement de l'industrie de l'édition (PADIÉ)
pour leurs activités d'édition.

ISBN 2-89435-133-X
Dépôt légal - Bibliothèque nationale du Québec, 1999

1 2 3 4 5 6 7 8 9 0 G A G N É 3 2 1 0 9
Imprimé au Canada

Ni l'Inuk, ni le loup,
ni même le vent du nord,
mais l'homme, l'homme blanc
aux ambitions insensées.

Depuis plus de 4 000 ans, des hommes vivent sur la terre la plus inhospitalière du monde, l'Arctique. Des hommes venus d'Asie par le détroit de Béring. Les Indiens les dénommèrent Eskimos, « mangeurs de viande crue », mais eux s'appelaient *Inuit*, les Hommes par excellence. Leur vie rude se basait sur la chasse aux animaux de terre et de mer auxquels ils attribuaient des pouvoirs extraordinaires. Ils dépendaient entièrement d'une Nature sauvage et implacable qui tolérait quand même un fragile équilibre garant de l'existence des plus forts. Puis vinrent les hommes blancs qui savamment, en moins de cinquante ans, anéantirent la culture de ce peuple fier.

Maintenant, et surtout depuis que le pétrole y abonde, il ne reste plus d'Eskimos au-delà du Cercle polaire, seulement de nouvelles victimes de la civilisation blanche. Néanmoins il se trouve encore, au hasard des communautés, quelques individus pour qui un seul nom conviendrait à jamais : Inuk, l'Homme parmi les hommes.

Mais leurs exploits incroyables avant longtemps appartiendront à la légende et plus personne ne saura vraiment comment ces habitants du « Dos de la Terre » sont parvenus à survivre. Alors, avant que la fabulation ne l'emporte et tant que la réalité paraît encore vraisemblable, voici l'aventure d'un Inuk, récente et véridique.

1

Qemuksitoq
Le voyage en traîneau

Ils étaient là, au détour de la piste, énormes et inquiétants. Sept loups qui nous barraient la route. Jusqu'alors seulement des traces et des hurlements trahissaient leur présence. Maintenant ils nous faisaient face, à moins de cent pas, trompés par un vent contraire qui leur dissimulait notre odeur.

À notre vue, à travers la maigre végétation de la toundra, ils avaient interrompu soudain leur marche à la queue leu leu pour se déployer en formation de défense.

Ou d'attaque.

Le chef, beau et majestueux, se tenait quelques pas en avant, la tête haute et la queue en bannière. Les autres loups derrière lui formaient un arc de cercle pour ne rien perdre du moindre de nos gestes.

Pendant d'interminables secondes, la vie s'arrêta alentour. Un terrible silence nous séparait et chacun redoutait d'en briser les fibres.

Figés, nous nous observions, abasourdis par nos battements de coeur.

Une erreur de jugement, un faux mouvement suffiraient à transformer ce fragile équilibre en un effroyable déchaînement.

Pourtant Kingalik épaula, mais Amaamak, plus rapide, empoigna la carabine avant que le coup ne parte.

— Ça ne sert à rien de les tuer, dit-il sèchement.

Les loups, mus par un seul instinct, firent tous un bond de côté si rapide qu'aucune balle n'aurait pu en toucher un seul.

Déçu, Kingalik abaissa lentement son arme. On ne discutait pas les ordres d'Amaamak.

Les bêtes cette fois ne bougèrent pas et nous en ressentîmes un immense soulagement.

Hier déjà, la neige nous avait révélé leur passage, des empreintes tellement confondues les unes avec les autres qu'il fut difficile à Amaamak de dénombrer les loups.

— Il s'agit d'une forte bande, avait-il dit simplement.

Puis il ajouta :

— Ils risquent de modifier notre chasse, sans en paraître autrement déçu.

Depuis l'enfance, l'Inuk connaissait et respectait le droit de chacun à survivre dans ce Grand Nord sans pitié.

Ni pour les hommes.

Ni pour les loups.

Maintenant ils guettaient notre prochaine réaction. Leur chef nous surveillait, tendu, le regard fuyant pour éviter les nôtres. Son pelage blanchâtre se confondait avec la neige. Seul se détachait comme un masque un *V* plus foncé s'allongeant sur la truffe et dominé par deux yeux jaunes.

Nous étions à nouveau immobiles. Amaamak fixait intensément le maître loup. Puis ses yeux détaillèrent chaque animal, qu'un imperceptible mouvement de tête animait dès qu'il sentait l'attention de l'homme. Le visage plissé de l'Inuk ne trahissait nulle peur, nulle agressivité, plutôt une certaine bienveillance que Kingalik ne s'expliquait pas. Que je ne comprenais pas non plus.

— Ça ferait sept belles peaux, à quarante dollars chacune, dit Kingalik, interrompant la contemplation d'Amaamak.

— Nous avons plus besoin de caribous, il vaut mieux chercher leurs traces, répondit-il en reprenant la marche sur la droite de façon à laisser le passage aux bêtes.

Il avançait sans même se retourner.

Si sa belle assurance atténuait quelque peu nos inquiétudes, elle laissait Kingalik sur une terrible déception. À mesure que nous nous éloignions, les regards qu'il jetait en arrière ne contenait que haine et dépit.

Les loups nous regardaient disparaître sans bouger.

Nous étions partis très tôt la veille, bien avant le lever du soleil réduit à une pâle lueur en cette période de l'année. Ce départ, plusieurs fois repoussé sans que les Inuit m'en aient donné la moindre explication, commençait à défier mes nerfs et ma confiance. Et puis voilà qu'en pleine nuit le mince espoir devient réalité, on me réveille pour partir au plus vite. Comme si quelque cataclysme menaçait soudain le village endormi. L'enseignement de précédents voyages dans ces contrées me permit de n'être pas pris au dépourvu : seulement boucler mon sac prêt depuis des jours, boire un café et enfiler la grosse combinaison arctique.

En vain je recherchais en m'affairant les raisons de ce départ précipité après une aussi longue attente. Le temps sans doute, qui pourtant ignorait la neige depuis une semaine, ou plutôt l'instinct de chasseur d'Amaamak l'avertissant du bon moment pour trouver les caribous. Ou bien encore quelque subtilité de la mentalité inuit qui déroute toujours le voyageur arctique.

Peut-être même l'étroite implication des trois hypothèses?

Amaamak finissait d'atteler les chiens. Onze bêtes fougueuses que quelques jours d'inaction passés au bout d'une chaîne rendaient incroyablement agitées. La proximité du départ gonflait encore cette énergie contenue qu'un cri allait libérer. Mais en attendant, l'Inuk devait réprimer avec le manche du fouet l'excitation tenant du besoin de se dégourdir les pattes comme du plaisir de tirer. Plaisir sans cesse renouvelé que seule la fatigue peut entamer.

Deux longs madriers taillés en patins et reliés par des planches inégalement espacées constituaient le traîneau. Version actuelle du traditionnel *kamotiq*, assemblé de la même façon, grâce à de fines lanières de peau. Une lame de fer protégeait le dessous de chaque patin. Des peaux de caribou recouvraient la charge répartie au centre et maintenue également avec de la babiche. À l'arrière, une autre peau masquait un coffre en bois contenant les choses essentielles aux voyages : le réchaud, la bouilloire, des ustensiles, les couteaux à neige, une corde et un grappin, des pièges, un bidon de combustible, une hache, la chaîne pour les chiens...

— Nous n'emportons pas de nourriture ? m'étonnai-je.

— Pas la peine, on en trouvera en route, répondit Kingalik. Et, comme si ma question lui rappelait quelque oubli, il pénétra dans la maison.

Il en ressortit aussitôt avec un long manche en bois terminé par une lame perpendiculaire de dix bons centimètres de large.

— Le pic à glace, dit-il en fixant l'outil sur le traîneau.

Deux carabines gisaient à même la neige, il les glissa sous les lanières.

Il ne portait pas le costume traditionnel en peau mais un pantalon en nylon matelassé et un parka taillé dans la toile bleue des sacs utilisés par les postes canadiennes. Le capuchon bordé de peau de renard pendait en arrière, Kingalik se contentant pour l'instant d'une casquette de velours à large visière et rabat sur les oreilles.

Amaamak, lui, ressemblait à un ours par la démarche pataude imposée par les deux épaisseurs de peau composant son *atigi* et son *quarlik*. La première, poil contre la peau, la seconde à l'extérieur. Mais comme pour l'ours, dont l'ample fourrure dissimule une redoutable musculature, l'habit de peau d'Amaamak masquait force et souplesse révélées par ses gestes les plus ordinaires. De l'ours encore il tenait ses doubles et larges semelles au poil extérieur pour mieux s'agripper sur la glace. Kingalik en portait aussi, chaussé comme Amaamak de *kamit* en peau de phoque. Malgré le froid, tous deux délaissaient leurs moufles posées sur la charge. Peau de phoque pour l'extérieur et doublure en lièvre.

La buée des respirations se condensait et gelait instantanément. Déjà les bords du capuchon d'Amaamak se blanchissaient de givre.

Les chiens, de même, arboraient de grosses moustaches glacées. De plus en plus nerveux, ils poussaient de petits cris et commençaient à emmêler leurs traits. Seul le chien de tête demeurait calme, puissant animal au profil de loup. Du sang de loup d'ailleurs coulait pour moitié dans ses veines et lui conférait, avec la force, une indiscutable autorité sur l'attelage.

Il restait libre. Amaamak ne le harnachait au-devant de la meute que dans les cas où sa puissance était indispensable. Précieux complément d'une intelligence qui lui permettait d'être ordinairement plus utile en liberté. Cette indépendance avait développé chez l'animal initiative et courage, les qualités d'un chien de tête. Sa robustesse l'autorisait à être aussi chef de meute.

Une amitié unissait l'homme et la bête depuis les premiers voyages où Ayok tout jeune courait le long de l'attelage aux côtés de sa mère, chienne de tête également. Lorsqu'il la remplaça, son respect pour l'Inuk s'accrut encore.

Amaamak aussi avait confiance en lui. Il le fallait pour voyager dans ce pays implacable.

Mais le départ semblait imminent.

Amaamak m'adressa un regard puis échangea avec Kingalik quelques paroles incompréhensibles.

— Amaamak dit que ton équipement n'est pas assez chaud, traduisit Kingalik.

— On me l'a garanti pour moins quarante, et puis j'ai deux pull-overs en réserve dans mon sac.

Il le répéta en inuktitut puis me rapporta à nouveau les paroles du chef.

— Amaamak dit que nous pouvons partir, assieds-toi au milieu.

Comme j'enjambais la charge, Kingalik me retint :

— Non, toujours de côté, à cause du vent.

J'essayais de bloquer mes pieds dans des intervalles du plancher pour trouver davantage de stabilité. Kingalik fit de même à l'avant et, à peine étions-nous installés, que le traîneau démarrait, littéralement arraché dans un vacarme de cris et d'aboiements.

Je faillis être renversé, me cramponnant de justesse à une lanière. Amaamak avait sauté à l'arrière. Assis sur le coffre, il criait des *Uit! Uit!* secs comme un fouet qui claque, mais tout encouragement semblait superflu tant les chiens montraient d'ardeur.

Dans leur excitation, ils en oubliaient leurs attaches.

Deux s'emmêlèrent les pattes et roulèrent sous les autres en hurlant, se relevant de justesse avant que le traîneau ne les heurte. Un troisième, son trait entre les pattes arrière, courait de travers en sautillant pour s'en débarrasser. Un autre, serré au centre, bondit pour gagner un côté, accrochant quelques fourrures au passage et recevant tout autant de morsures. Néanmoins, chacun prenait rapidement sa place et bientôt un bel éventail coloré s'étalait devant nous, précédé de quelques mètres par Ayok, le demi-loup au pelage bleu noir.

Nous traversâmes le village en suivant les chemins tracés dans la neige. À plusieurs reprises, le traîneau frôla dangereusement de gros bidons transformés en poubelles que les chiens évitaient sans se préoccuper de leur charge.

Alors que notre départ s'effectuait jusque-là dans l'indifférence générale, à la sortie, plusieurs attelages attachés à des piquets, loin des maisons, nous saluèrent d'aboiements frénétiques. Bientôt ne tardèrent pas à répondre, d'un peu partout, tous les chiens maintenant réveillés.

La vitesse réduisait encore la température. Le froid se faisait plus mordant sur le visage et j'appréciais vivement ce «bon voyage» que nous souhaitaient les chiens.

L'aventure commençait.

Très vite, au concert d'aboiements se substituèrent les bruits du traîneau sur la neige gelée: sifflements, craquements, coups sourds qui se répercutaient jusque dans nos os. Les chiens, masse mouvante de fourrure, couraient maintenant en silence, la queue fièrement dressée. Les lumières du village s'estompaient doucement. Le vrombissement du groupe électrogène s'évanouissait en un faible ronronnement.

La civilisation n'existait déjà plus.

Que l'immensité de l'Arctique à l'aube d'un jour qui ne se lèverait pas tout à fait.

Nous filions un bon train depuis le départ. La neige tassée par le vent craquait sous le traîneau mais restait dure sous la patte des chiens. Amaamak n'avait pas à forcer. Il indiquait par cris brefs ses intentions à Ayok que tout l'attelage suivait aveuglément. Parfois, pour éviter une neige trop molle, l'animal modifiait de lui-même la direction, qu'il reprenait sitôt l'obstacle contourné.

Un paysage figé nous absorbait dans ses vagues de neige façonnées par le vent. Le ciel, du noir au bleu nuit passa au violet, puis au rouge. Il virait au jaune lorsque se présenta la banquise.

— On coupe tout droit entre les deux pointes, m'expliqua Kingalik, ça fera gagner du temps. J'espère que la glace ne sera pas trop mauvaise.

Dans le pack notre allure tomba aussitôt. Plus question pour les chiens de courir dans cet amalgame de glaces empilées sur des mètres, compressées, bousculées par la force monstrueuse de la mer. Il fallait sans cesse chercher un passage pour les longs et encombrants patins. Dès le premier arrêt, Amaamak sortit de la caisse un harnais qu'il passa à Ayok, mais la longueur du trait lui permettait encore d'être en avant de tous. L'éventail s'était resserré et les chiens avançaient maintenant en étroite file entre les blocs qui par endroits nous surplombaient. Ces bêtes habituées à l'espace supportent mal de sentir contre leurs flancs la glace ou la fourrure d'un autre. Ces pressions permanentes, en plus de contrarier leurs efforts, les rendaient nerveuses.

Nous marchions le long du traîneau, le guidant, le soulevant, le poussant, le tirant sur les côtés afin qu'il ne
s'accroche ou bascule. Le *kamotiq* gémissait sous les
contraintes. Les lanières assurant son maintien le laissaient prendre des formes inquiétantes pour mieux se
conformer aux désirs de la piste. Malgré cela, il arrivait
que la glace devienne trop exigeante et la seule solution
restait d'éliminer l'obstacle à la hache, dans un jaillisse-
ment de cristaux tranchants et imprévisibles. Les
chiens, mal à l'aise dans ce dédale, poussaient des cris
lorsque le moindre éclat les atteignait. Ils attendaient
haletants, et nous-mêmes en sueur ne ressentions plus
rien de l'engourdissement qui commençait à nous
gagner l'instant d'avant.

— Ce n'est jamais le même passage ici, les
tempêtes transforment tout à chaque fois, m'expliqua
Kingalik, comme pour justifier la violence de nos
efforts.

— Nous ne risquons pas de trouver des failles ?

— Non, ne t'inquiète pas, la glace est solide à
cette époque. Le seul danger est d'être surpris par la
nuit, on ne peut plus s'orienter là-dedans !

— Comment Amaamak s'y retrouve-t-il ?

— Il passe souvent par ici avec ses chiens. Avec
ma motoneige j'évite ces endroits.

Amaamak, maintenant, marchait en avant de
l'attelage pour repérer les meilleures passes.

Certains blocs curieusement profilés revêtaient
un étrange aspect sous le timide éclairage du soleil
jaunâtre. D'autres, aux formes familières, étonnaient
encore davantage. Sculptures oubliées dans le plus
grandiose bouleversement. Réalités fugaces dans un

monde mystérieux né de l'imagination diabolique de quelque géant.

Né de la mer et du vent.

La traversée dura presque trois heures d'efforts continus pour assurer le passage du lourd *kamotiq*, mais nous gagnions là, par cet épouvantable raccourci, une journée de voyage. Dès que nous atteignîmes l'autre pointe et à nouveau la neige plate et dure, d'un cri Amaamak arrêta les chiens. Aussitôt les bêtes se couchèrent, mordant la neige à pleines dents. Certaines se roulaient sur le dos, s'attardant parfois dans une curieuse posture, ou bien se frottaient avec force le museau sur la neige. D'autres encore en profitaient pour une querelle, que de solides coups de poing eurent tôt fait avorter.

— Nous allons faire du thé, dit Amaamak.

— Il sera le bienvenu! renchérit Kingalik, assis pantelant sur le bord du traîneau. Quel passage! Le détour en motoneige est beaucoup moins pénible!

Mais sa dernière remarque ne s'adressait qu'à moi car Amaamak n'aimait pas entendre parler de motoneige.

Les Inuit échangèrent encore quelques paroles, puis, comme à regret, Kingalik se redressa:

— Déchargeons la caisse et basculons le traîneau pour faire un coupe-vent, dit-il, Amaamak va s'occuper des chiens pendant ce temps.

Il fallut l'effort de tous pour coucher sur le côté le *kamotiq* aux longs patins. Amaamak s'assura de son équilibre, puis ficha solidement dans la glace le grappin, qu'une corde reliait aux dernières traverses. Précaution supplémentaire au cas où les chiens partiraient brusquement sans nous attendre, à la poursuite d'effluves d'ours blancs ou simplement pour une de ces raisons que les hommes ne comprennent pas toujours. Après plusieurs essais, la flamme jaillit enfin du réchaud et, pendant que la neige lentement s'épaississait dans la bouilloire, Amaamak prenait soin de l'attelage.

Les traits formaient au point d'attache un toron irrégulier de brins enchevêtrés. L'Inuk s'appliquait à les démêler, détachant les chiens un à un en faisant suivre la lanière jusqu'à ce qu'elle soit libre d'entrave. Ensuite il rattachait l'animal.

— L'été, on vient là en canot, dit Kingalik.

— Le kayak n'est plus utilisé ?

— Non, l'*umiaq* non plus. Les bateaux en bois ont remplacé ceux en peau de phoque et le moteur, la pagaie.

— C'est aussi pratique pour la chasse ?

— Autant, les phoques sont tellement curieux que le bruit les attire quelquefois.

— Et pour le caribou à la traversée des rivières ?

— On ne le chasse plus comme ça, c'était bon avant les fusils. Avec un canot, par contre, on peut obliger un ours à la nage à prendre pied où l'on veut et le tuer à ce moment-là sans risquer de le perdre.

— Même Amaamak n'a plus de kayak ?

— Il en a un mais il ne s'en sert plus, c'est trop fatigant et dangereux à son âge. C'était un expert, Amaamak ! Il chassait le phoque et le morse au harpon avec son kayak. Il lui est arrivé toutes sortes d'histoires. Un printemps, il fut bloqué sur un glaçon qui se détachait de la banquise. Il avait ses chiens, le traîneau et son kayak. Le vent entraînait le glaçon, plus moyen de regagner la glace solide. Alors il a mis son kayak à l'eau, il l'a relié au glaçon par une lanière et de toutes ses forces il a pagayé. Il lui a fallu deux heures pour atteindre la glace sûre, avec le glaçon en remorque. Et les chiens et le traîneau dessus. Il ne pourrait plus faire ça maintenant.

L'eau commençait à s'extraire de la pâte lourde et incolore que Kingalik alimentait sans cesse en rajoutant des morceaux de neige découpés au couteau. Il remuait avec sa lame cette bouillie pour en accélérer la fonte et aussi éviter à l'eau d'avoir mauvais goût.

— Pourquoi les traîneaux sont-ils si lourds ici, Kingalik? En Alaska, pour la même longueur, ils ne pèsent pas la moitié.

— Ils ne sont pas construits de la même façon, c'est une question de coutumes! Ou bien là-bas le bois est meilleur.

— Comment les Inuit se procuraient-ils du bois avant?

— Ils en avaient peu. Seulement ce que la mer laissait sur les rivages. Ça ne suffisait pas pour construire des traîneaux. Ils utilisaient des os et des bois de caribou. Amaamak m'a raconté qu'un hiver, il avait fabriqué un traîneau de fortune avec des peaux et des poissons.

— Des peaux et des poissons?

— Oui, des peaux roulées en longueur et courbées servaient de patins une fois raidies par le gel, et les traverses étaient des saumons gelés. Il a fait tout un voyage avec ça.

Amaamak achevait son travail lorsque l'eau commença à bouillir. Pourtant Kingalik prolongea un moment cette ébullition, guettant accroupi le bouillonnement avant de jeter au milieu trois sachets de thé. Un liquide noirâtre exhala aussitôt un arôme que l'air glacial n'escamotait pas tout à fait. Chacun ôta ses moufles pour prendre à pleines mains sa tasse émaillée et profiter au mieux de la chaleur du liquide. Fouillant dans le coffre, Amaamak en retira des morceaux de bannique, sorte de galette de farine qu'il fallut ramollir en la trempant dans notre thé.

Cette collation nous baignait d'une chaleur nouvelle tout en apaisant les fatigues de la traversée de banquise. La pause bienfaisante, régénératrice de forces et d'espérances, stimulait nos désirs de pénétrer l'immensité glacée jusqu'à l'horizon tout proche et pourtant inaccessible.

— Vers où allons-nous maintenant? demandai-je à Kingalik, en m'apercevant aussitôt du ridicule de ma question face à un paysage aussi vide.

— C'est Amaamak qui le sait, je ne le lui demande jamais quand je chasse avec lui.

Mais il traduisait cependant ma question, et Amaamak par deux fois illustra son mystérieux langage d'un mouvement de bras qui n'indiquait de direction que dans son esprit.

— Nous allons au sud-ouest, rapporta Kingalik, mais selon les pistes rencontrées on peut changer de route.

— Amaamak chasse souvent dans ces coins-là?

— Ça dépend des saisons et du gibier, avec le caribou on n'est jamais sûr de rien.

— Et toi, tu vas souvent par là ?

— Non, je n'ai pas toujours le temps d'aller si loin.

Les Inuit avaient allumé pipe et cigarette pour savourer pleinement ce moment de repos. Amaamak m'observait à travers ses paupières plissées. Visage impénétrable où ne transpirait le moindre sentiment. La bouilloire vidée de ses dernières gouttes de thé fut à nouveau remplie de neige et posée sur le réchaud.

Chacun s'était levé pour éviter un refroidissement et s'activait de son côté. Amaamak resserrait les attaches entre traverses et patins, distendues par les contorsions dans le pack. Kingalik replaçait des affaires dans le coffre. Un rapide examen de l'intérieur anéantit d'un coup l'espoir donné plus tôt par les morceaux de bannique : il ne restait, vaguement pliées dans un papier huileux, que quelques moitiés de galettes.

Certes je ne mettais pas en doute les talents de chasseurs de mes compagnons, mais le pays semblait si vide...

Et je savais que les Inuit peuvent passer plusieurs jours sans manger. Et leurs chiens plus encore.

Mais, dans l'immédiat, les vertus du thé dissipaient toute réelle inquiétude.

Avant de lever le camp, Amaamak vérifia l'état des patins, dont le métal n'avait plus l'aspect poli du départ. Du dos de la lame de son couteau à neige, il racla la glace inégale, tantôt chargée d'aspérités, tantôt arrachée. Puis, avec un morceau de peau d'ours, il étendit régulièrement sur l'acier l'eau tiède qui se figea aussitôt en une pellicule lisse et brillante.

— Tout est prêt, dit Kingalik, traduisant quelques paroles marmonnées.

Lorsqu'on remit le traîneau à l'endroit, les chiens comprirent qu'il fallait repartir. Les grands huskies se levèrent, s'ébrouèrent. Ceux qui s'étaient endormis s'étirèrent longuement. Enfin tous se retrouvèrent prêts, attendant le signal. Les récents efforts déployés dans les glaces n'altéraient en rien l'enthousiasme du départ, et la même bousculade qu'au matin accompagna la mise en route. Le calme revint lorsque chacun eut trouvé sa place et que le large éventail de fourrures se déploya à nouveau, les jeunes au centre, les plus forts sur les côtés, Ayok en avant.

Les cris cessèrent très vite car, ici, ils restaient sans écho.

Nous laissions le décor tourmenté de la banquise pour les étendues sans fin où le vent ne parvenait pas à dessiner un paysage. La neige insaisissable courait sur des vagues de neige si dures que les patins marquaient à peine.

De bonnes conditions pour les chiens.

Pour nous aussi.

Nul besoin de diriger et de replacer sans cesse le traîneau, nous pouvions rester assis sans trop risquer la culbute.

Aucun point de repère dans ce désert, rien que l'oeil puisse saisir. De la neige qui se perd dans la neige.

Un grand silence alentour, mais là, tout près, à l'arrière, la voix d'Amaamak parlant à ses chiens :

— *Uit! Uit! Uit! Auk! Ayok Auk! Auk!... Aayoo! Aayoo! Yooka! Aayoo Yooka! Muck! Muck!* les encourageant, les guidant sans la moindre hésitation. La vitesse et le vent favorisaient le froid concentré sur nos visages, les seules parties à découvert dans lesquelles semblaient se planter des millions d'épines. Aguerris pourtant, mes compagnons parfois grimaçaient de douleur derrière la dentelle de givre accrochée à leur capuchon. Sous le mien j'avais abaissé un passe-montagne ne découvrant plus que les yeux et la bouche et prompt à déclencher l'hilarité d'Amaamak chaque fois que je me tournais.

Le jour avançait sans le laisser voir. Sa lumière conservait la pâleur des aurores, clarté timide qu'un soleil qui n'irait guère plus haut dans le ciel dispense avec parcimonie six mois par an sur le Dos de la Terre.

Bientôt les chiens perdirent leur allure. L'échine courbée, la queue basse, ils avançaient, peinant et soufflant bruyamment, poussant un nuage de buée qui s'élevait plus dense. La voix d'Amaamak s'était raffermie. Le traîneau marquait de deux traînées profondes une neige poudreuse qu'Ayok, désespérément, cherchait à éviter. Mais les passages difficiles restaient imprévisibles.

Un paysage apparaissait, petites collines plates que la grisaille trompeuse voulait faire croire plus éloignées. L'horizon subitement à notre portée se bosselait de mamelons identiques qui, bientôt, nous entourèrent. Nous progressions avec la même assurance que l'instant d'avant dans la plaine et pourtant rien, là non plus, ne ressemblait à un repère. L'instinct de l'Inuk seul permettait de s'orienter.

Ou celui de la bête.

Entre deux rangées de collines, un large passage s'ouvrait au vent et la neige durcit sous la patte des chiens.

— *Nuluak! Nuluak!* cria soudain Amaamak, tendant le bras vers un point invisible en avant de nous.

— Le filet! me dit Kingalik. Nous allons prendre du poisson au cas où les caribous seraient longs à trouver.

Rien n'indiquait que nous étions sur un lac, la neige uniformisait le paysage. Rien sauf, pour mes compagnons, ces deux piquets de bois qui se dressaient là, retenant un filet sous la glace.

Ils entreprirent de le dégager.

Une brève discussion détermina le travail de chacun puis Kingalik prit l'outil chargé au dernier moment tandis qu'Amaamak cherchait une casserole dans le coffre. Il retira aussi de dessous les peaux une petite épuisette faite de bois et de babiche.

— La glace est épaisse à cet endroit, Kingalik?

— Au moins deux pieds[1], dit-il en donnant quelques coups pour sonder la neige, tellement tassée par le vent qu'il fallut la briser pour atteindre la surface lisse et claire, presque transparente.

À petits coups autour du piquet, Kingalik détachait des éclats qu'Amaamak enlevait avec la casserole. Lorsque l'eau commença à se mêler à la glace, il prit l'épuisette. On aurait cru l'eau libre à quelques centimètres sous nos pieds, mais, au fond du trou, le

---

1. Soixante centimètres.

pic cognait toujours avec un bruit mat contre le plancher gelé.

— Plus pour longtemps, dit Kingalik en reprenant son souffle, le son n'est pas le même.

Lorsque le fond céda, il creusa encore pour dégager le pourtour et sortit le piquet.

— Il faut faire pareil pour l'autre maintenant.

De la même façon, une trentaine de mètres plus loin, les Inuit libérèrent le second pieu. Lorsque l'eau apparut, Kingalik le retira complètement, découvrant une extrémité du filet à laquelle il attacha une longue corde pour pouvoir le replacer ensuite.

Revenu au premier trou, Amaamak défonça la glace qui déjà se reformait et commença à hisser le filet. De gros poissons fumants et rougeâtres, des ombles de l'Arctique, apparaissaient. Les Inuit les décrochaient rapidement car, avec le froid, les mailles devenaient vite cassantes comme le verre. Amaamak prenait soin de déposer chaque poisson en cercle, la tête orientée vers le trou. Ancienne coutume pour favoriser la pêche. Bientôt trente, quarante ombles gisaient sur la neige et commençaient à se raidir. Lorsque le filet fut au bout, avec précaution les Inuit le remirent à l'eau, l'un le glissant dans le trou encombré de glaçons, l'autre tirant la corde qui lui redonnerait sa position. En place pour une nouvelle pêche, il fournirait une réserve de nourriture récupérée dans quelque temps, selon les besoins ou les hasards d'un voyage.

On roula les poissons dans une toile tandis que les huskies dressés portaient grand intérêt à l'opération.

— C'est leur nourriture habituelle, m'apprit Kingalik, l'omble et le saumon. Quelquefois de la viande quand la chasse est bonne.

— Il faut faire de bonnes pêches pour nourrir autant de bêtes !

— Le poisson est partout ici, il suffit de poser des filets. On peut aussi pêcher avec une ligne en hiver, à travers un trou dans la glace.

— Comment fait-on pour tendre le filet sous la glace la première fois ?

— C'est Amaamak qui fait ça, il perce plusieurs trous à petite distance et avec un bâton dans l'eau, il dirige une corde d'un trou à l'autre. Arrivé assez loin, il attache le filet. Moi je ne pêche pas, je n'ai pas de chiens à nourrir.

Mais, d'un mot, Amaamak nous interrompit.

— On repart, dit Kingalik, et sans plus attendre nous reprîmes notre course vers une destination que seul Amaamak semblait connaître.

La clarté diminuait. Au-delà d'une courte distance, la neige devenait uniformément grise. L'Inuk pressait les chiens et ses cris dominaient les leurs chaque fois que son long fouet atteignait avec précision l'animal relâchant son effort. La neige, tantôt dure comme pierre, tantôt poudreuse à l'abri des hauteurs, ne permettait pas une progression régulière, et Ayok multipliait ses efforts pour que l'attelage en souffrît le moins possible. Par endroits, dans les plaines, la surface boursouflée laissait percer un maigre arbrisseau, une touffe de tiges sèches. Chétive végétation de la toundra en hiver.

Et puis, subitement, Amaamak se dressa sur le traîneau, hurlant de longs Ah! Ah! Ah!

Les chiens n'étaient pas arrêtés qu'il avait sauté du *kamotiq* et marchait de son pas d'ours, les yeux rivés à la neige.

Des traces!

— *Amarit*, dit-il comme nous le rejoignions, penché sur des empreintes assez profondes qu'il examinait avec attention.

Il se releva, les suivit un moment, les considéra à nouveau.

Une fois encore, longuement.

Puis il parcourut les alentours du regard et revint vers nous en marmonnant des mots que nous ne comprîmes pas.

— Une bande de loups, dit Kingalik comme nous reprenions nos places.

Plus tard, sur le traîneau, Amaamak se pencha souvent pour questionner la neige.

L'horizon commençait à bleuir. Un voile opaque recouvrait l'immensité glacée que la nuit ne tarderait pas à confondre avec le ciel. Les chiens ressentaient les fatigues de la journée et n'avançaient plus très vite, le dos arrondi par l'effort. À plusieurs reprises, la piste des loups croisa la nôtre et Amaamak l'examina encore, cherchant à savoir combien avaient marché dans les mêmes traces. Mais la prudence des bêtes faisait échec à la sagacité de l'homme.

Un long Ah! retentit à l'arrière du *kamotiq* et les chiens s'immobilisèrent. En regardant tout autour, les Inuit échangèrent quelques paroles.

— Nous avons assez voyagé aujourd'hui, traduisit Kingalik, il faut construire l'igloo. Amaamak dit que l'endroit est bon.

Déjà, de son couteau à longue lame, il sondait la neige pour en apprécier dureté et profondeur. Les chiens qui connaissaient bien ce geste voyaient leur journée s'achever car eux aussi savaient jauger la neige sous leurs pattes.

— C'est assez dur ici, dit Kingalik alors qu'Amaamak traçait rapidement un cercle.

Dès lors les deux hommes s'absorbèrent dans la construction, luttant contre la nuit qui se faisait plus dense. Amaamak donnait de brèves indications à Kingalik, retouchait quelquefois son travail, et aucun ne s'apercevait plus de ma présence.

De gros blocs solides découpés sur la surface du cercle commençaient le mur en forme de spirale que rehaussait chaque nouvelle rangée. Le couteau à neige taillait en crissant, découpait les blocs, les soulevait, les posait, les assemblait ensuite, véritable truelle du bâtisseur de maisons en neige. Les Inuit ne prélevaient pas également la neige sur toute la surface. Ils ménageaient sur les deux tiers une plate-forme qui se trouvait maintenant surélevée d'une cinquantaine de centimètres.

— Le *illiq*, m'apprit Kingalik, la banquette pour s'asseoir ou dormir.

L'igloo prenait forme. Le mur circulaire s'élevait, nettement incurvé. La matière venant à manquer sur place, Kingalik retira d'une congère voisine les blocs qu'Amaamak disposait de l'intérieur. Il ne resta bientôt plus qu'un trou au sommet. Un dernier bloc fut façonné pour l'obstruer parfaitement et Amaamak ajusta minutieusement cette clef de voûte capable de supporter sans danger le poids d'un homme. Du dehors, Kingalik colmatait les interstices avec des coins de neige enfoncés du poing, puis il dégagea un espace au pied du mur afin de pouvoir découper la porte.

La maison de neige était prête.

Un peu plus d'une heure d'un labeur qui laissait en sueur mes compagnons malgré le vent glacial.

— Nous allons aménager l'intérieur, me dit Kingalik, Amaamak a encore à faire avec les chiens. Tiens, prends les peaux et les sacs.

Tandis que lui-même retirait du coffre le nécessaire de cuisine, Amaamak débarrassait les huskies de leurs harnais pour les rattacher deux par deux, selon leurs affinités, à une longue chaîne fixée à chaque extrémité. Les bêtes, qui semblaient dormir, savaient pourtant que le moment n'en était pas encore venu. Toutes se levèrent en aboyant lorsque l'Inuk déballa les poissons. La distribution se fit par ordre hiérarchique, chaque animal attendant patiemment son tour. Il avalait ensuite goulûment, sans les mâcher, de gros morceaux déjà gelés. La lente digestion lui laisserait plus longtemps l'impression d'avoir mangé.

L'obscurité maintenant recouvrait le pays et les loups en profitaient pour échanger leurs terrifiants hurlements. De derrière les collines montaient les lugubres complaintes auxquelles d'autres répondaient, lointaines ou parfois si proches que nous croyions l'animal là, dans la noirceur. Mais le vent apportait de loin ces aboiements aigus qui s'étranglaient dans la gorge pour donner un son monocorde tenu jusqu'à la limite du souffle. Aucun n'était identique et dans les groupes, les différents tons composaient de mystérieux accords. La chasse s'organisait. D'un peu partout les bêtes répondaient à l'appel du chef. Nos chiens qui s'installaient pour la nuit dressaient alors les oreilles et, tous en choeur, se mettaient à hurler eux aussi. Puis, avec la même soudaineté se taisaient. Seul Ayok persistait, relevant le nez pour capter ces messages voyageant sur la bise.

Sous l'igloo la tiédeur se répandait doucement. La paroi de neige s'égalisait en une surface glacée parfaitement étanche et le vent qui parcourait la toundra ne pouvait plus nous atteindre. Cette transition rendait nos chauds vêtements insupportables, nous obligeant à n'en garder qu'une partie. Amaamak avait coupé des tranches de poisson pour le repas. Je pensais que l'eau mise à chauffer était destinée à les cuire, mais nous mangeâmes crue cette chair rosée que le gel émaillait de paillettes craquantes.

— Ce n'est pas aussi bon que le saumon, dit Kingalik, et puis d'habitude on trempe chaque morceau dans de l'huile de phoque.

— Même sans huile c'est très bon, répondis-je, convaincu.

— C'est quand même moins nourrissant, ajouta-t-il.

Amaamak engloutissait tranche après tranche, ne laissant que la peau et les arêtes les plus grosses. De temps en temps il m'observait, content sans doute que j'apprécie son menu, mais aucun signe ne permettait de l'affirmer. Lorsque chacun eut terminé, il servit le thé, puis, repus, éructant de satisfaction, les Inuit fumèrent en soufflant haut la fumée que renvoyait le toit de glace.

— Crois-tu que les caribous soient loin, Amaamak?

— Peut-être pas très loin, Kingalik. D'après l'état de la neige, à une demi-journée.

— Les loups les cherchent aussi!

— Oui, et nous risquons d'avoir à marcher plus longtemps s'ils les trouvent avant nous. Demain matin nous irons sans les chiens voir si une harde est passée par là.

Demain matin!

Mais, pour l'instant, nous savourions le confort de la banquette de glace recouverte de peaux épaisses et moelleuses. Enfoncé dans son sac de couchage, chacun sentait s'évanouir les fatigues de la journée. Comme le vent et le froid.

Au matin le thé fumait lorsque je m'éveillai. Amaamak préparait déjà le départ.

Quelques protubérances pointaient au plafond, buée de la veille condensée et figée pendant la nuit. Du givre s'était déposé sur mes cils et ma barbe.

À la sortie de l'igloo, la première bouffée d'air sec et glacial s'infiltra comme du feu dans la poitrine. Quelques chiens s'éveillèrent, secouèrent la neige collée à leur fourrure et, voyant que nous partions sans eux, se recroquevillèrent dans leur trou.

Les Inuit prirent leurs armes restées dehors afin que la condensation et le gel ne bloquent pas les mécanismes. La neige tassée craquait sous nos pas sans que les bottes en peau d'Amaamak laissent une réelle empreinte.

Il tenait à faire cette reconnaissance sans les chiens, pour ne pas inquiéter les caribous peut-être. Ou bien à cause des loups qu'il voulait voir de près.

Ces sept loups au regard fuyant qui maintenant nous observaient, prêts à bondir.

2

Qammeongittoq
Les temps anciens

Amaamak avait soixante ans.

Peut-être plus. Dans sa jeunesse, on ne comptait pas toutes les années.

De même il ne s'était pas toujours appelé Amaamak. Encore enfant, il avait frôlé la mort de si près que ses parents avaient changé son nom.

On racontait au village une pénible histoire au sujet de sa famille.

Un hiver de grande famine, un homme, ses deux femmes et leurs quatre enfants se mouraient de faim et d'épuisement. Rien qui se mange ne subsistait autour d'eux. Ni la graisse pour la lampe, ni même les chiens. Jusqu'aux peaux qui n'avaient plus de goût d'être sucées. Le gibier était rare et l'homme trop faible n'en pouvait tuer.

Au seuil de la mort, lui et ses femmes décidèrent de sacrifier le plus jeune des enfants pour s'en nourrir. Terrible extrémité que les circonstances commandaient.

Dans son cheminement millénaire, ce peuple chasseur avait appris que la survie d'une famille nécessitait parfois la mort d'un de ses membres. Alors les sentiments cédaient, face à la volonté de vivre. L'homme devait se garder en condition pour subvenir aux besoins de tous, et toujours la plus grosse part lui revenait d'office. Même en temps de famine. Dans ces moments durs, la vie de ses enfants dépendait plus que jamais de ses forces.

Mais là, le gibier se refusait encore.

Ils durent sacrifier un deuxième enfant. Puis un autre. Et la malchance s'acharnait toujours sur le chasseur.

Il ne restait plus que l'aîné, âgé de quatorze ans, qui, redoutant son sort, engagea avec son père une bataille désespérée que le père gagna. Mais les animaux continuaient d'éviter ces parages maudits. Alors les femmes prirent peur et s'enfuirent.

Finalement, l'homme découvrit un morse mort sur la banquise. Il apaisa sa faim, puis, chargé de nourriture, rechercha ses femmes. Il n'en retrouva qu'une, avec laquelle il eut à nouveau quatre enfants, en souvenir de ceux qu'ils avaient dû sacrifier pour survivre.

On disait parmi les anciens qu'Amaamak était le dernier de ces quatre enfants.

Mais lui n'en avait jamais parlé.

Sa vie ne fut qu'une longue lutte. Comme celle de ses parents, comme celle encore de ceux de sa génération. Lutte contre la faim et le froid dans un pays qui n'accepte pas les faibles. Mais l'habitant des espaces polaires ignore la faiblesse.

Il est l'Inuk.

L'Homme par excellence, à qui la Terre elle-même a donné naissance.

L'Inuk habite le Dos de la Terre depuis plus de 4 000 ans, pense-t-on.

Jusqu'à l'arrivée des Blancs, son mode de vie demeura inchangé, basé sur la chasse. Sans cesse en quête de gibier, l'Inuk vivait en nomade, voyageant selon les saisons au rythme des animaux. Le phoque au printemps, le caribou en automne, le morse, le béluga, le boeuf musqué, les oiseaux migrateurs... L'igloo l'abritait huit mois par an et aussi la tente en peaux, pendant l'été et l'automne.

L'animal fournissait tout. La nourriture, les vête-ments, le bois des arcs, flèches et harpons, celui des traîneaux, l'ivoire des pointes acérées... La stéatite, pierre verte et tendre, servait à fabriquer les ustensiles de cuisine et la lampe à huile, primordiale pour chauffer et éclairer l'igloo. La possession de ces objets nécessitait de nombreux et longs voyages à la re-cherche de matériaux adéquats, mais l'Inuk aimait parcourir son pays démesuré.

Il appartenait cependant à une région plutôt qu'à une tribu. Au bout de ses errances, il retrouvait toujours un endroit familier qu'il pouvait habiter quelques saisons parmi ceux qui, comme lui, choisis-saient de se grouper là. Et tous obéissaient à des règles ancestrales sans même que l'un d'eux fût désigné pour les faire respecter.

Règles que le climat d'une extrême rigueur faisait à la fois humaines et impitoyables. Ainsi, les veuves et les chasseurs trop vieux participaient au partage du gibier à condition simplement de toucher l'animal tué. C'était pour eux un droit, non une aumône et nul n'en éprouvait de gêne. Par contre, dans les périodes de famine, on éliminait les filles à la naissance tandis que les vieillards se supprimaient eux-mêmes. Et nul n'y voyait de cruauté. La rudesse de la vie l'imposait, qui attribuait à chacun un rôle précis. L'homme chassait, la femme apprêtait les peaux et cousait les vêtements. Très jeunes, les enfants apprenaient, qui à harponner le phoque à son trou d'air, qui à entretenir la flamme dans la lampe à huile. On tirait son existence du phoque et du caribou essentiellement. Toute son existence, et celle des chiens.

En plus de la nourriture et des habits, ces animaux procuraient de quoi se chauffer et s'éclairer. De quoi fabriquer les kayaks et les traîneaux, les couvertures des tentes d'été, les outils, les armes. Les meilleurs chasseurs se reconnaissaient toujours à la qualité de leur équipement, mais l'Inuk a coutume de dire qu'il n'existe pas de bons ou de mauvais chasseurs, seulement des chanceux ou des malchanceux.

Tous savaient cependant que pour survivre sur le Dos de la Terre, il fallait une confiance absolue dans ses possibilités, beaucoup d'optimisme et autant de fatalisme.

Cette perpétuelle obsession de la vie ne se manifestait pas toujours dans la peine, le rire tenait aussi une place importante.

Autrefois, pendant les mauvais temps d'hiver, on construisait un igloo immense, le *qagli*, où le village entier se retrouvait pour chanter, danser et participer à des jeux de force et d'adresse. Le *kilaut*, grand tambour plat en peau de phoque, rythmait les chants, qui parlaient de chasse et de vie merveilleuse dans un pays riche en gibier. Les danseurs rivalisaient d'agilité tandis que les femmes reprenaient la chanson, assises en demi-cercle autour des batteurs. C'était là aussi que l'*angatkuq* exerçait ses pouvoirs surnaturels, communiquant avec les esprits, faisant des prédictions, ou bien racontant les derniers exploits de *Kiviuq*, le héros légendaire. On s'amusait beaucoup sous le *qagli*.

Et puis les hommes blancs sont venus.

Des chasseurs de baleines en premier, qui rapidement décimèrent les troupeaux. Ils apportèrent des objets nouveaux mais aussi la maladie, jusqu'alors inconnue. Des marchands de fourrure ensuite, qui troquaient les ballots de peaux contre des armes à feu, de la farine, du tabac, du thé ou... de l'alcool.

La vie se modifiait peu à peu, on ne chassait plus de la même façon. On ne chassait plus uniquement pour manger et se vêtir.

Des voyageurs nouveaux ne cessaient d'arriver, qui ne respectaient pas les coutumes inuit et imposaient leur façon de vivre, étrangère à la chasse. Plus tard, à côté des villages d'igloos, ils construisirent des maisons en bois qu'ils apportaient du Sud avec de «grands oiseaux aux ailes toujours déployées». Les derniers arrivés fouillèrent le pays à la recherche de pétrole et leur formidable machinerie détruisit sur son passage la fragile terre nourrissant les lichens centenaires dont les caribous font pâture.

Comme les troupeaux de caribous, plusieurs communautés inuit ont dû céder la place à ce nouvel envahisseur.

L'Inuk n'est plus chez lui sur le Dos de la Terre.

Amaamak naquit sous l'igloo et y vécut la plus grande partie de sa vie, parcourant sans relâche la Terre de Baffin à la recherche du gibier. Son père, bon chasseur, lui enseigna très tôt la patience pour attendre des heures que *Nassik* le phoque vienne respirer à son trou dans la glace, l'adresse pour le harponner à coup sûr, l'optimisme pour revenir malgré l'insuccès de la veille. L'endurance pour traquer *Tuktu* le caribou à travers la toundra. Le courage pour affronter *Nanook* l'ours blanc aux griffes redoutables. La ruse pour déjouer *Kakvik* le carcajou, grand pillard de pièges et de caches à viande. La fermeté pour commander aux chiens.

Il lui apprit aussi à respecter tout animal sans qui il ne pourrait survivre.

Le reste, Amaamak le découvrit tout seul, la faim, le froid, la fatigue, la sécurité de l'igloo, le plaisir et la fierté des bonnes chasses, la joie des festivités sous le *qagli*.

Il s'imposa vite comme un grand chasseur et tua très tôt son premier phoque. La fête qui accompagne toujours l'événement connut cette fois une exceptionnelle ampleur, chacun loua comme il le fallait son exploit et les anciens lui prédirent des chasses fructueuses.

Lorsqu'il eut pris femme, son igloo devint parmi les plus confortables du village. Ses vêtements, cousus dans les plus belles peaux. Évidemment, comme tous il pâtissait des caprices du gibier, mais n'hésitait pas à faire de longs voyages pour aller à sa rencontre.

Une fois, la famine menaçant, il partit chasser très loin, plus loin qu'aucun autre chasseur du village. En son absence, le danger se précisa et les hommes, revenus sans gibier, décidèrent que la communauté rejoindrait un autre groupe à plusieurs jours de marche. Solution désespérée lorsque le temps n'autorise pas d'autre choix.

Le voyage fut pénible et plusieurs vieillards assis à l'arrière des traîneaux se laissèrent discrètement glisser dans la neige, choisissant de mourir pour donner une chance supplémentaire aux plus jeunes. Mais, arrivés dans ce campement de l'ultime espoir, ils ne trouvèrent que les femmes. Là aussi la nourriture manquait et les chasseurs partis depuis longtemps ne revenaient pas, ou alors épuisés, les mains vides.

Ayant finalement tué deux phoques, Amaamak se hâtait vers les siens en souhaitant que la chance ait favorisé d'autres que lui.

Trouvant les igloos déserts, il continua malgré sa fatigue et celle de ses chiens, voyageant nuit et jour pour arriver en sauveteur dans la petite communauté où son gibier permettrait de patienter.

Il n'eut en récompense que l'approbation de son peuple.

Sa première femme lui donna quatre enfants. Deux seulement survécurent, un garçon et une fille. Des deux autres, des filles, l'une mourut à la naissance et la seconde dut être enfouie sous la neige tel que le voulait la coutume en période critique. Comme tout bon chasseur en ce temps-là, Amaamak prit une deuxième femme. Maintenant, les missionnaires l'interdisent et l'épouse unique n'en finit jamais d'apprêter les peaux et de réparer les habits. Une étrange maladie échappant aux pouvoirs du chaman emporta très tôt cette jeune femme, avant même qu'elle pût augmenter la famille d'Amaamak. Il ne la remplaça pas, laissant à la fidèle Mitiyuk le soin de veiller sur son igloo et de s'user les dents à la préparation des fourrures.

Amaamak était fier de son fils Nuluk. Il montrait de bonne heure des dispositions pour la chasse. S'il retenait l'enseignement, il deviendrait lui aussi très vite un grand chasseur qui ne manquerait ni de nourriture ni de chauds vêtements qu'une femme serait heureuse de coudre pour lui dans un igloo confortable. Et Amaamak serait comblé lorsque, ne pouvant plus chasser, il recevrait de son fils sa part de gibier.

Maintenant qu'ils parcouraient ensemble la Terre de Baffin, dans leur entourage on commençait à douter que la famine puisse encore exercer ses ravages. Le caribou, le phoque au printemps, le morse, le béluga et les poissons lorsque les glaces s'entrouvraient en été, les *kiviat* que l'on prenait au vol avec une longue épuisette, en se cachant dans les falaises, les ours blancs... Amaamak et Nuluk rivalisaient de ruse et d'adresse et, lors des festivités sous le grand igloo, on chantait leurs exploits.

Un matin, le fils partit seul à la chasse. Il voyageait depuis deux jours sans succès lorsqu'une tempête le surprit. Un vent mauvais qui rapidement paralyserait le pays pendant des jours peut-être. Il fallait construire l'igloo au plus vite, mais la faim rend téméraire et Nuluk décida d'atteindre une cache à viande non loin de là où il savait trouver un quartier de caribou laissé un jour de bonne chasse.

Le blizzard projetait la neige en aveuglante poudrerie à travers laquelle l'homme et les chiens avançaient à grand-peine. Le temps pressait. Bientôt, il ne serait même plus possible de s'orienter. Ni de bâtir un abri.

Arrivé à la cache, Nuluk se précipita pour dégager la viande. Le vent hurlait de plus en plus fort, chassant la neige à une vitesse vertigineuse qui effraya les chiens. Oubliant leur fatigue, les forces décuplées par l'épouvante, ils s'enfuirent en laissant leur maître complètement démuni. Sans seulement un couteau à neige.

Pour lutter contre le froid il s'assit sur une pierre sèche, ramassé dos au vent. Il resta des heures ainsi, immobile. La neige s'amassait dans son dos et ses pieds commençaient à se refroidir. Il décida alors de marcher. Marcher sans arrêt pour ne pas céder à l'engourdissement. Et au sommeil que le froid prolongerait à jamais.

Lorsque Amaamak vit revenir les chiens tout seuls, il comprit aussitôt. Le temps d'atteler d'autres bêtes et il partait à la recherche de Nuluk qu'il découvrit le lendemain, vivant, mais les jambes gelées. Il fallut l'amputer des deux pieds.

Amaamak avait retrouvé son fils mais perdu son compagnon de chasse et à lui seul incombait à nouveau la dure tâche de nourrir toute la famille.

Nuluk avait lui-même un fils qui s'appelait Kingalik. Dès qu'il fut en âge de reconnaître un phoque, Amaamak commença à lui apprendre à chasser, comme pour son propre fils. Mais la dure vie dans l'Arctique pesait déjà sur les épaules du chasseur, qui se demandait parfois s'il attendrait jamais sa nourriture de Kingalik.

Au cours d'un voyage, des Inuit d'un autre groupe se joignirent à la famille d'Amaamak pour pêcher l'omble qui remontait les rivières. Les poissons s'engouffraient dans les *saputit*, ces barrages de pierres où, une fois l'entrée bouclée, il suffisait de les harponner avec le *kakivak*. Hommes et femmes s'adonnaient joyeusement à cette tâche pendant que les enfants regroupaient la récolte lancée sur la grève. Les poissons, fendus ensuite en deux et mis à sécher au soleil, seraient conservés jusqu'à l'hiver.

Le soir, sous la tente, les histoires de chasse, les nouvelles du pays alimentaient d'interminables discussions où l'on parlait de tous et de chacun. Un des visiteurs raconta que, dans son groupe, plusieurs familles avaient hiverné plus au sud, sur une île reliée par la banquise à la péninsule de Melville, dans un village appelé Igloolik. Quelques Blancs vivaient là et les Inuit habitaient comme eux des maisons en bois bien chauffées.

Amaamak rejetait l'idée d'aller passer l'hiver à Igloolik, mais son fils handicapé insistait. Le visiteur n'avait-il pas décrit la région comme riche en phoques et en caribous! Et puis, dans une maison en bois, l'hiver perdrait de sa rigueur.

C'est surtout l'âge qui contraignit Amaamak. Kingalik avait huit ans lorsque sa famille vint s'installer à Igloolik. D'emblée tout lui parut merveilleux. Plus besoin de lampe à huile pour se chauffer, plus de banquette de neige en guise de lit. Des quantités de choses surprenantes comme en possèdent les voyageurs étrangers, étalées à portée de la main dans le magasin de la Hudson's Bay Company.

Il ne connaissait pas encore très bien la toundra, mais déjà il lui paraissait préférable d'habiter la maison en bois des Blancs plutôt que l'igloo des Inuit, souvent froid et humide. D'ailleurs, ça ne l'empêchait pas d'aller chasser et pêcher avec son grand-père en été. L'hiver, il ne quittait pas le village. Il fréquentait l'école où les Blancs lui apprenaient leur langue pour pouvoir parler avec les étrangers plus tard, mais Kingalik se souvenait de son grand-père échangeant des fourrures contre des cartouches à bord d'un grand bateau sans pour autant avoir connu l'école.

Le soir, les enfants se retrouvaient chez le missionnaire, qui parlait *inuttituut* comme eux et une autre langue encore, différente de celle des Blancs de l'école. Il leur abandonnait une grande salle avec des bancs tout autour pour jouer à loisir et regarder des livres d'images pleins de choses inconnues dans leur pays de glace. Le dimanche matin, tout le village se réunissait dans la pièce d'à côté, brillamment décorée, et le missionnaire parlait d'un Esprit beaucoup plus puissant que *Tatqiq* l'Esprit de la lune, ou *Hila* l'Esprit du vent, ou bien encore *Nuliayuq* l'Esprit de la mer. Et tous chantaient en son honneur.

Le mardi était jour de fête. Sitôt réveillé, chacun scrutait le ciel pour savoir si *Tigmierpak*, le « grand oiseau », pourrait venir. À l'école, les enfants se déchaînaient et le premier qui percevait le bruit de l'avion donnait le signal. Alors tout le monde courait vers la piste de glace. Pas seulement les enfants, le village entier. Les chiens aussi, pour transporter les marchandises.

Kingalik se plaisait à Igloolik. À mesure que les années passaient, il commençait à croire que la chasse n'était pas la seule chose importante dans la vie.

Dans sa quatorzième année, il eut un accident assez grave. Alors qu'il aidait à remplir les citernes d'eau à l'intérieur des maisons, il fut renversé par l'autochenille pendant qu'il déroulait le tuyau à l'arrière. Et sa jambe droite fut fracturée en deux endroits. L'infirmerie n'étant pas équipée pour faire des plâtres, il fallait descendre dans le Sud.

Kingalik allait réaliser un rêve, monter en avion.

Certes, il aurait préféré pour ce premier voyage des circonstances plus heureuses mais néanmoins, quelle fierté et aussi une certaine appréhension en traversant sur son brancard la haie des curieux du mardi.

On le soigna à Québec et, pour sa convalescence, une famille l'accueillit, qui comptait deux enfants de son âge. Les quatre mois qu'il passa là, Kingalik crut les rêver, endormi dans un igloo comme il n'en existe pas au pays où se lève le vent du nord. Il apprit même à parler en français, suffisamment pour comprendre ses compagnons et plus tard étonner le missionnaire à Igloolik.

Le mardi de son retour, des dizaines de faces enca-
puchonnées se fendirent d'un large sourire lorsqu'il
sortit du «grand oiseau».

Que de choses à raconter! Que de curiosités à ras-
sasier, mais, lors de ses interminables récits, Kingalik
remarquait dans le regard d'Amaamak une curieuse
lueur qui lui donnait comme un sentiment de
culpabilité.

Lorsque j'arrivai à Igloolik, c'est Kingalik qui me
conduisit sur sa motoneige jusqu'à la petite maison
où j'allais séjourner. Maintenant âgé de dix-sept ans,
il travaillait dans l'atelier gouvernemental, réparant
les diverses mécaniques publiques, l'autochenille, la
citerne à eau, le groupe électrogène, les motoneiges...

Plusieurs voyages dans le Grand Nord m'avaient
permis de rencontrer des Inuit fortement marqués
par les moeurs des Blancs. Ici j'espérais trouver
l'homme traditionnel, l'Inuk qui chasse le phoque, le
caribou et se déplace en traîneau à chiens.

Déjà, je commençais à douter de la valeur de mes
informations.

Pourtant, comme nous avancions à toute vitesse
sur le bruyant engin de Kingalik, une bande de chiens
attachés à l'extrémité du village nous salua d'aboiements forcenés. Le nombre de bêtes indiquait claire-
ment l'abondance du gibier et la valeur des chasseurs.
Les Inuit ne gardent qu'un seul chien dans les villages
où l'on ne chasse plus, par nostalgie.

Un courant de sympathie circula très vite entre
Kingalik et moi. Hospitalité inuit d'abord, mais aussi
rapprochement de la langue. Kingalik aimait parler

français et j'appréciais grandement ses talents d'interprète.

Malgré cela, Amaamak faisait la sourde oreille à mes demandes d'aller avec lui à la chasse au caribou, prétextant, soit qu'il ne chassait plus, ou que le temps ne s'y prêtait pas, ou même qu'il ne restait plus un seul caribou dans le pays. Sur l'insistance de son petit-fils, il se laissa presque convaincre, mais, apprenant que mon arme était un téléobjectif, se ravisa aussitôt.

Il fallut plusieurs jours pour obtenir à nouveau un demi-consentement. Le départ était toujours remis et puis, par un matin bleu et froid, nous sommes partis précipitamment, Amaamak, Kingalik, moi et onze huskies.

— On sera de retour dans quelques soleils, avait dit Amaamak.

3

Agleruti
Les tabous

Nous marchions depuis plus d'une demi-heure sans qu'Amaamak ne se retourne une seule fois pour s'informer de la présence des loups.

La neige parfois gardait l'empreinte de nos pas mais n'en révélait aucune autre.

Les nuages épais et bas qui peuvent réfléchir le bruit d'un caribou grattant la neige à cinq cents mètres restaient muets.

L'horizon bleuâtre ne trahissait pas le moindre nuage de vapeur comme il en plane quelquefois au-dessus des troupeaux.

Amaamak semblait préoccupé.

Régulièrement il creusait la neige pour en mesurer profondeur et texture, précieux indices permettant de localiser les hardes sans cesse à la recherche du lichen le plus accessible. Kingalik guettait chacun de ses gestes :

— Trop profond, Amaamak ?

— Trop profond et trop tassé par le vent. Tous les hivers ne se ressemblent pas, ajouta-t-il, pensif.

— Es-tu venu par ici dernièrement ?

— Non, pas cet hiver et le précédent non plus, mais j'ai toujours vu des caribous dans les parages. En fait, l'absence de gibier ne l'inquiétait pas, la quête commençait à peine. Non, Amaamak pensait à autre chose, à une aventure ancienne qui, depuis, l'éloignait d'ici.

Un jour de fin d'hiver, il chassait les caribous restés dans la toundra, auxquels commençaient à se joindre l'avant-garde de ceux qui remontaient de la taïga, plus riche en pâturages. Sachant le gibier facile à atteindre, il avait emmené Kingalik, âgé seulement d'une douzaine d'années mais habitué déjà à suivre son grand-père qui voulait lui enseigner très tôt, plus encore qu'à son propre fils, la façon de traquer un animal dont il dépendrait sa vie entière.

Tuktu ne fut pas très difficile à surprendre et bientôt trois bêtes abattues s'entassaient sur le traîneau. L'une avait été dépouillée pendant que le froid n'en raidissait pas encore les chairs. À cause de l'enfant, Amaamak ne voyagea pas longtemps et, dès que la neige lui parut convenable, il s'arrêta pour dresser le camp. Les chiens excités par la viande jappaient comme des enragés; aussi l'Inuk préféra les nourrir en premier afin de construire plus tranquillement son igloo.

Le soleil enfoncé derrière l'horizon rougeâtre laissait sur la plaine un restant de lumière pâle. Le vent aussi s'effaçait et rien ne troublait le grand silence de la toundra, que des hurlements lointains.

Kingalik, épuisé, s'était assoupi sur le traîneau, la tête posée sur la douce fourrure de caribou, à côté des quartiers sanguinolents.

Amaamak taillait et assemblait les blocs pour la maison de neige. Ses chiens repus et fatigués se roulaient en boule pour la nuit, sauf deux qui restaient assis, humant l'air en poussant parfois de brefs gémissements.

L'Inuk connaissait trop ses bêtes pour ne pas s'inquiéter de leur attitude, aussi il posa son fusil à portée de la main, scrutant les collines avoisinantes que le jour mourant rendait parfaitement lisses, dissimulant les maigres arbrisseaux à peine couverts de neige.

L'igloo était presque terminé. Amaamak, à l'intérieur, posait le bloc final qui maintiendrait l'ensemble.

C'est en passant la tête par-dessus le mur de neige qu'il les vit, quatre loups tout près de Kingalik endormi.

Mais l'igloo, sans ouverture encore, l'emprisonnait. D'un coup d'épaule il abattit tout un pan pour pouvoir tirer.

Un loup tomba au premier coup de feu. Puis un second.

Un hurlement effroyable répondit à la troisième détonation mais l'animal ne s'affaissa pas et s'enfuit, entraînant le dernier. Amaamak tirait toujours, courant à leur poursuite.

Il en tua encore un.

Maintenant, le silence revenu, il se précipita vers l'enfant.

Paisible, Kingalik dormait toujours, les bras curieusement repliés sur la tête, comme pour échapper au vacarme. Les loups l'avaient ignoré.

Seule la carcasse, à côté, portait la marque des prédateurs, de grands lambeaux de chair arrachés. Les chiens s'étaient soudainement déchaînés, aboyant et hurlant leurs lamentations. Cette excitation semblait n'avoir d'autre origine que les coups de feu mais, dans son sommeil apparent, chaque animal avait depuis longtemps identifié l'odeur des loups. Les huskies n'aboient pas toujours lorsque leurs frères sauvages approchent.

Amaamak examina les loups étendus, une femelle et deux jeunes d'un an. Le mâle touché réussit pourtant à s'enfuir, marquant la neige d'empreintes irrégulières qu'un filet de sang soulignait à l'endroit de la blessure.

La patte avant droite.

L'espacement, toutefois, témoignait de la vigueur de l'animal qui pouvait encore courir et l'Inuk abandonna l'idée de le poursuivre. Longuement, il contempla les traces ensanglantées.

D'obscures pensées l'envahissaient. Un loup fuyait dans la toundra, un loup blessé dont l'esprit chercherait vengeance après un tel massacre. Même si le coup devenait mortel, l'esprit de l'animal resterait offensé par la façon employée par l'homme. Malgré sa confusion à propos de l'enfant. L'esprit des animaux ne considère que la manière dont l'homme les tue, les raisons il les connaît. Il ne tolère pas les maladresses qui blessent et font souffrir. Sûrement il se vengerait.

Amaamak repensait à cela en marchant. Pour la millième fois.

Presque personne au village ne connaissait cette histoire.

Kingalik le détourna de ses réflexions :
— Est-ce qu'il y a des lacs par ici, Amaamak ?
— Oui, assez loin, au-delà des collines.
— Nous aurions peut-être plus de chance là-bas ?
— Peut-être, mais je veux chercher ici avant.

Bien sûr qu'il savait les chances plus grandes à proximité d'un lac, mais une force sourde et irrésistible l'attirait ici. Rien dans sa connaissance de la vie n'en pouvait démasquer la nature et cette impuissance le troublait. Maintes fois il pensa que de savoir le loup mort chasserait son angoisse. Pas par peur, il ne craignait guère les loups, et quand bien même... Non, pour autre chose qu'il n'arrivait à définir et que ses amulettes même ne pouvaient conjurer.

Un moment encore, nous marchâmes dans le froid mordant. Comme j'arrivais à la hauteur d'Amaamak, celui-ci retira brusquement une moufle et se précipita vers moi, appliquant sa main nue sur mon visage. Une pommette devenait blanche et exsangue sans que je m'en aperçoive. En quelques minutes la circulation se rétablit, rougissant à nouveau la peau que mille picotements rappelaient à la vie.

— La peau des *Qablunat* est trop tendre pour les vents du nord, dit alors Amaamak.

De temps en temps, nous nous arrêtions pour interroger encore l'air et le ciel, mais aucun ne nous donnait de réponse. Pas le moindre bruit de sabot alentour, pas le plus petit nuage de buée en suspens.

Amaamak questionnait chaque vallon, chaque colline du bout de l'horizon, et la blancheur d'opale du paysage lui retournait chaque fois son regard.

— Il faut aller plus au sud, dit-il, revenons au traîneau.

— Le comportement du caribou est imprévisible, m'expliqua Kingalik, même lors des grandes migrations. Il peut passer des années par un même endroit et, la fois suivante, emprunter une autre route. Personne ne sait pourquoi.

— Comment se fait-il qu'il en reste ici en hiver, ils n'émigrent donc pas tous ?

— C'est souvent comme ça, après l'automne il se forme de petits groupes isolés qui hivernent dans la toundra. Ce n'est pas facile de les trouver car ils voyagent sans arrêt.

— Amaamak en tue pourtant régulièrement !

— Oui, mais Amaamak connaît le pays aussi bien qu'eux et ça m'étonne qu'il nous ait amenés dans ce coin !

Le retour au campement se fit par un autre chemin traversant une série de lacs minuscules, simples renflements de rivière, de surface trop modeste pour qu'une harde puisse s'y reposer en sécurité. Aucun indice là non plus, à part des traces de loups que le vieil Inuk essaya à nouveau de déchiffrer.

Les huskies nous attendaient calmement, certains couchés, d'autres marchant de leur faible longueur de chaîne pour tromper l'engourdissement.

— Prépare le thé pendant que j'attelle les chiens, dit Amaamak à Kingalik.

Sous l'igloo, malgré le froid, les murs de neige avaient retenu l'odeur âcre. Le réchaud à pleine puissance répandait vite sa chaleur, et bientôt la moiteur s'installa sous nos vêtements avant même que les doigts et les pieds eussent perdu leur raideur. Ma joue gelée semblait soudain de feu et la paume de la main absorba cette brûlure comme elle l'avait prodiguée plus tôt. Le thé bouillant nous redonna les forces consumées par la marche et le froid. Une autre bouilloire d'eau chaude pourvut les patins d'une surface glacée que la neige ne retiendrait plus. L'entrée de notre abri d'une nuit fut rebouchée et Amaamak, de ses *Uit! Uit!*, lança les chiens. Un nuage de buée blanche se transforma aussitôt en givre sur les museaux. Chacun prenait sa place au prix des habituels enchevêtrements de traits et de pattes.

Nous de même, nous nous installions sur la traîne et, dès les premiers cahots, s'affirma la rude sensation de n'avoir fait aucune halte depuis Igloolik. La nuit avait effacé les fatigues mais pas les meurtrissures, si bien qu'il me semblait être assis à même la neige tassée qui défilait sous nos jambes.

— Ma motoneige est plus confortable, me cria Kingalik, et surtout plus rapide.

— Ce n'est pas trop bruyant pour chasser ?

— Je m'arrête dans un endroit et ensuite je cherche les traces à pied.

— Amaamak vient avec toi quelquefois ?

— Jamais! Il ne veut rien savoir des motoneiges, il dit que ce n'est pas bon pour un chasseur. Il préfère ses chiens.

En bousculant les habitudes, l'avènement de la motoneige à Igloolik avait établi la différence entre les chasseurs authentiques et ceux pour qui le gibier n'est plus indispensable.

Jamais Amaamak ne consentirait à sillonner les steppes arctiques sur une motoneige. Confiant dans le courage de ses chiens, il les savait, même affamés, capables de parcourir encore de grandes distances alors qu'une motoneige sans essence ne laisse aucun espoir. Il connaissait leur agilité pour franchir la banquise entrouverte au printemps, là où la motoneige disparaît dans l'eau glacée.

Toute une vie de voyages et de chasses à leurs côtés les lui rendait irremplaçables.

Comment sans eux pister et harceler l'ours blanc, ou découvrir les trous de phoques, ou retrouver son chemin dans la tempête ?

Pourquoi maintenant les abandonner pour lier son sort à celui d'une mécanique bruyante et impersonnelle ?

Amaamak considérait comme une bien grande concession de sa part le fait d'habiter ce village d'Igloolik avec ses maisons en bois, son église, son école, son comptoir de la Hudson's Bay Company. Le poids des ans l'avait entraîné jusque-là, cruellement alourdi par la responsabilité de la famille entière après l'accident de son fils. C'est pour lui seul d'ailleurs qu'il acceptait chaque quinzaine l'allocation gouvernementale. La prime restait minime puisque Amaamak, par sa chasse, subvenait aux besoins élémentaires. Elle eût été bien supérieure s'il se fût résigné, lui aussi, à dépendre de l'octroi régulier pour acheter sa nourriture.

Bien sûr, il appréciait sa nouvelle condition, et ce confort jusqu'alors inconnu l'aurait comblé pourvu qu'il ignorât, comme beaucoup, que les hommes blancs lui prenaient davantage en retour.

Sa vie était bouleversée.

Jusqu'à ses chasses qui n'avaient plus le même sens.

Lui qui dépendait totalement du gibier n'en attendait maintenant que sa nourriture, troquant les peaux qui faisaient de si chauds vêtements contre les choses les plus diverses utilisées par les Blancs. Quelquefois même, il chassait ou posait des pièges dans le seul but d'obtenir des fourrures de renard à échanger au comptoir de la Hudson's Bay Company.

Être sous la dépendance du caribou lui paraissait plus noble.

Les mauvais jours, Amaamak croyait avoir perdu la confiance de ses chiens, attachés de longues journées à proximité de la maison. Mais aucune des rides de son visage ne trahissait jamais son profond désarroi.

« Un Inuk qui ne chasse plus gaspille l'héritage des ancêtres, avait-il dit lors d'un conseil du village. Notre richesse est la vigueur de nos traditions et non la possession d'une motoneige. Avant, lorsque nous chassions tous, nous étions plus solidaires, maintenant chacun vit de son côté. Néanmoins nous devons rester fiers car le pays est à nous. »

Mais seuls quelques vieux de son âge sentirent le poids de ses paroles.

À la chasse, il se retrouvait lui-même.

Rien ne comptait que ce pourquoi il avait toujours vécu. Il redevenait l'Inuk qui règne sur le Dos de la Terre, indifférent aux lois imposées par les Blancs. Fort de ses lois à lui dictées depuis des millénaires par les forces du vent et les caprices du gibier.

Que les Blancs substituent à leur rudesse un mode de vie plus facile n'était bon qu'en apparence, les conséquences n'en pouvaient être que catastrophiques pour le peuple des Inuit.

Amaamak le savait, mais tous n'en étaient pas avertis sur la Grande Banquise.

Dans les plaines sans fin où le vent poursuit la neige, il savait lire son chemin, et retracer la bête. Et la tuer.

Il savait survivre lorsque tout semblait perdu. Et toujours espérer. Et connaître de grandes joies.

Ces gestes appris de ses ancêtres, il désespérait que Kingalik les possède un jour.

— La vie est plus agréable dans le Sud, avait-il dit à son grand-père au retour de son séjour à Québec.

— Pourquoi dis-tu ça? répondit Amaamak.

— Là-bas, les maisons sont grandes et confortables, bien alignées le long des rues, il y a toutes sortes de magasins, on roule en voiture...

— Ce n'est pas un pays pour un Inuk, trancha le vieil homme.

Mais l'image marquait. L'adolescent avait découvert un monde nouveau, un monde à sa portée. Vivre comme son grand-père lui paraissait maintenant impossible. Et impensable. Les errances saisonnières à travers la Terre de Baffin traversaient sa mémoire comme un souvenir imprécis que l'on confond parfois avec une histoire entendue.

Les traditions si puissantes dont parlaient les vieux s'effritaient d'elles-mêmes, faute de l'apport quotidien des aléas de la vie sous l'igloo. Les choses et les gens n'étaient plus pareils dans les maisons préfabriquées chauffées au mazout, et la culture aussi devait céder le pas.

Kingalik ne voulait pas regarder en arrière.

Dans le Sud, il subit des tests d'aptitude en compagnie d'enfants comme lui et même plus âgés. Il s'agissait d'ordonner des volumes, d'agencer des bâtonnets, de rayer des carreaux... Autant de jeux qui révèlent chez les Blancs la démarche de la pensée, et Kingalik y obtint d'excellents résultats, supérieurs à ceux de ses compagnons.

On lui apprit alors la mécanique. Celle de la motoneige plus spécialement, de sorte qu'une véritable occupation l'attendait à son retour au village. Les Blancs d'Igloolik circulaient tous en motoneige et quelques Inuit aussi, qui devraient attraper beaucoup de renards blancs pour la payer en entier. Mais l'essentiel était de la posséder, même si pendant des années les peaux jetées sur le comptoir de la Hudson's Bay Company n'obtenaient en échange rien de plus qu'un chiffre dans le grand livre du Blanc. Parfois il arrivait que la machine devînt hors d'usage sans que le Blanc cessât pour autant d'exiger des peaux.

Pour son travail dans les services du Gouvernement, Kingalik recevait un salaire en billets de banque, comme les Blancs du Sud ou d'ici. La plupart des Inuit ignoraient encore la possession de ces «images de papier», et leur pouvoir les étonnait toujours au magasin de «la Bay». Tous pensaient qu'elles représentaient un prix plus juste que le troc imposé par les fourrures.

Kingalik s'enorgueillissait de payer avec des billets et d'acheter n'importe quoi, des choses parfois inutiles mais qui lui procuraient tellement de fierté. Il s'habillait comme les Blancs, rejetant résolument ce que les femmes du village cousaient encore en peau de phoque ou de caribou. Souvent, dans ses bottines à hauts talons, il regrettait les chauds *kamit* mais ne le montrait pas. Ses cheveux noirs et gras descendaient jusque sur ses épaules alors que les hommes du village aimaient à les porter très courts.

— Nos ancêtres aussi avaient les cheveux longs! lançait-il à ceux qui se moquaient de ses mèches toujours devant les yeux.

Mais il ne les conservait que pour s'identifier aux Blancs de son âge.

Le jour où il reçut sa motoneige, par l'avion de la Hudson's Bay Company, il parcourut Igloolik en tous sens. Inlassablement il se faufilait entre les maisons, effrayant les chiens, renversant quelquefois les bidons contenant les ordures, jusqu'à ce que la machine expirât, vide d'essence dans un raidillon derrière la mission. La machine resta là deux semaines en attendant la prochaine paye. D'autres fois encore, à travers la toundra, la puissante motoneige s'étouffa, l'obligeant à marcher longtemps ou à attendre du secours. Néanmoins, il aimait plus que tout s'enivrer de vitesse et de bruit sur cet engin essentiel, le plus précieux reflet dans son lointain Arctique de la civilisation tant admirée dans le Sud.

Aujourd'hui, derrière l'attelage de son grand-père, l'impression d'un anachronisme excessif l'irritait.

— Ça n'avance pas avec les chiens, on n'en finit jamais de voyager, me dit-il, sans traduire pour Amaamak.

— On n'est pas très pressés !

— Peut-être, mais on s'ennuie toujours sur un traîneau. Le conducteur s'occupe avec les chiens et le passager est comme un sac.

— Tu as déjà conduit des chiens.

— Amaamak avait commencé à m'apprendre, mais ils ne m'écoutaient pas. À présent, avec ma motoneige, fini les chiens !

— Ça ne doit pas toujours être facile en motoneige sur un terrain aussi accidenté.

— Ah ! c'est du sport ! Il faut savoir éviter les obstacles.

Les chiens avançaient d'un bon trot. Ayok courait devant, furetant, reniflant, choisissant la meilleure neige pour l'attelage. Le crissement régulier des patins prenait des proportions insensées, à la mesure de l'immensité glacée qui nous écrasait.

Au thé de la mi-journée, nous avions déjà parcouru une bonne distance. De petites collines repoussaient sans cesse l'horizon, où les nuages et la neige formaient dans le jour pâle un mur grisâtre contre lequel butait le regard. Et nos espoirs.

Amaamak fumait sa pipe, attentif, questionnant de tous ses sens le ciel et le vent. Et ce lointain qui n'arrivait pas à se dessiner.

— Il va faire une tempête, dit-il.

Pourtant, rien ne troublait le voile blême des nuages que le vent s'épuisait en vain à déchirer.

— Amaamak perçoit toujours les choses avant qu'elles arrivent, dit Kingalik avec une pointe d'ironie, il est comme les chiens qui s'agitent la veille d'un blizzard.

— Nous avons le temps d'avancer encore, ajouta le vieil Inuk.

Sans s'attarder davantage, il prépara le départ, démêlant sommairement l'écheveau de traits tissés par les chiens, inspectant le dessous des patins. Kingalik ayant jeté sans y penser le surplus d'eau bouillie, son grand-père pallia cette négligence en urinant dans une vieille boîte et badigeonna les lames de fer avec le pinceau en peau d'ours trempé dans l'urine tiède.

Dès le départ, il imprima une vive allure à l'attelage. Aux *Uit! Uit!* se mêlaient des cris rauques comme ceux d'un corbeau blessé.

Les claquements secs de l'*ipérautak* soutenaient sa voix. La lanière de phoque découpée dans une seule peau jaillissait d'un manche court et lourd pour s'allonger en serpentant au-dessus des chiens. L'extrémité atteignait avec précision l'animal qui ne donnait pas sa pleine mesure. Celui-ci répondait par une plainte aiguë, bien que la douleur fût minime à cause de l'épaisse fourrure. La crainte de représailles ultérieures le stimulait bien davantage. Pas seulement la correction de son maître, mais les morsures de ses compagnons. Chaque animal sait reconnaître un paresseux et le punir en conséquence le moment venu. Au moindre cri, Ayok jetait un rapide regard en arrière pour identifier le coupable et, dans son expression, se lisait l'approbation du geste de l'homme.

Le froid devenait plus mordant à mesure que la neige impalpable gagnait de la vitesse. De longues ondulations poudreuses rasaient le sol, pourchassées par le vent, ordinateur suprême des surfaces tourmentées de la toundra.

Dans les endroits difficiles, nous descendions du traîneau et courions à côté, dirigeant la charge, donnant la poussée nécessaire pour soulager les chiens. Nous réchauffant aussi.

Sitôt le mauvais passage franchi, chacun reprenait sa place en sautant, sans arrêter pour ne pas briser l'élan de l'équipage. Pourtant une fois, alors que les chiens commençaient à dévaler une pente après un dur effort pour atteindre la crête, Amaamak ne sauta pas.

— Aha! Aha! hurlait-il pour contenir les bêtes.

Mais le lourd traîneau prenait de la vitesse et les huskies craignaient trop de le voir les rattraper et leur briser les os pour songer à ralentir. La course ne prit fin qu'une centaine de mètres plus bas.

— Pourquoi Amaamak n'a pas sauté? demandai-je à Kingalik.

— Il n'aura pas été assez rapide, les chiens sont partis comme des fous.

Nous l'attendions.

Sa silhouette immobile se détachait sur le ciel blanchâtre. Puis il fit quelques pas pour se figer à nouveau dans la même attitude, penché sur la neige.

Il semblait nous ignorer.

Kingalik l'appela mais le vent détourna son cri.

— Laissons les chiens, dit-il, et allons voir ce qu'il fait.

L'ascension nous enleva notre souffle, et nos halè-tements, dans le dos du vieil Inuk, le saisirent comme un enfant pris en défaut. Il releva lentement la tête, gêné par notre présence, un instant honteux d'une émotion qu'il aurait souhaité nous cacher.

Ses yeux brillaient d'un étrange éclat que Kingalik même ne leur connaissait pas.

Mais, sa fierté ancestrale reprenant le dessus, Amaamak se redressa d'un mouvement brusque et sans dire un mot, le regard fixe, partit vers le traîneau.

Sur la neige, juste en-dessous de la crête, se dessi-naient les traces d'un loup, très larges avec, à chaque pas, une empreinte moins profonde.

Celle de la patte avant droite.

4

Arqonaliudzaq
Prisonniers de la tempête

L e vent prenait de la force, soulevant la neige que nous recevions dans le visage comme une poignée d'aiguilles. L'air glacial vibrait de toute une gamme de bruits, du sifflement suraigu aux sourdes lamentations.

L'horizon n'existait plus.

Ni le ciel.

Nous avancions dans un nuage de neige sèche qui voyageait beaucoup plus vite que nous. Et dans des directions différentes.

Les chiens redoutent la poudrerie : la neige qui court entre leurs pattes les effraie. Les nôtres marchaient péniblement, la tête basse et l'échine arrondie, ramassés pour donner moins d'emprise à leur pire ennemi qui creusait les fourrures jusqu'au duvet. Les bourrasques étouffaient leurs plaintes et submergeaient la voix d'Amaamak.

Par moments, les tourbillons nous masquaient le chien de tête, qui pourtant se tenait tout près de l'attelage pour ne pas être perdu de vue.

On s'arrêta pour construire l'igloo.

Les Inuit échangèrent quelques paroles.

— Ce n'est pas l'endroit idéal, me rapporta Kingalik, mais le temps presse, dans moins de deux heures on ne pourra plus rien faire.

Amaamak ne s'attardait pas. À longues enjambées il parcourait les abords immédiats, déchirant de son couteau le tapis ondulant et fuyant des cristaux pour vérifier la consistance de la neige en dessous. Cela seul déterminerait l'emplacement car le terrain plat n'offrait pas la moindre butte où accoter notre abri. Pas la plus petite dénivellation favorable. Rien qui puisse contenir la fureur des éléments.

Les chiens l'avaient compris aussi, et chacun s'installait avec soin, le dos au vent, les pattes repliées sous le corps, le museau protégé par la grosse queue touffue. La neige qui les terrifiait tout à l'heure devenait maintenant l'alliée fournissant la meilleure protection contre les rafales cinglantes. Lorsqu'ils seraient suffisamment recouverts, leur énergie épargnée ne combattrait plus que le froid.

À mesure que l'igloo prenait forme, la neige qui butait à sa base au terme d'une fuite éperdue s'accumulait en congère à la manière d'un contrefort.

Le blizzard ne contenait plus sa rage, nourrie d'une violence extrême. Courbant le dos, nous chancelions sous la brutalité des attaques, le visage arraché, les yeux noyés de larmes qui se gelaient en collant les cils. De partout les rugissements nous agressaient, ultime intimidation au moment de la finition de l'igloo. Malgré la hâte de s'y réfugier, Amaamak prenait soin d'égaliser les jointures en grattant avec le dos de la lame.

Bâtie dans un délai que le froid glacial avait fait paraître anormalement long, la maison de neige, solidement campée, née elle-même du froid, semblait comme un défi de la neige au vent, maître absolu des solitudes glacées.

Un défi de la neige à la neige. De celle, aussi dure qu'un rocher, à l'autre, impalpable comme le sable au sommet des dunes.

Amaamak cria à Kingalik, pourtant proche, des paroles que la tourmente engloutit mais qu'un geste du bras désignant le traîneau lui rendit compréhensibles.

Kingalik se tourna pour hurler à mon oreille :

— Il faut rentrer le maximum d'affaires, aide-moi à porter la caisse.

J'attendais impatiemment cet instant, moins pour me mettre à l'abri que pour combattre le terrible embarras qui m'oppressait de ne pouvoir, de ne savoir aider ces hommes à organiser dans la tempête un campement que j'allais partager avec eux. Aucun bien sûr ne m'en faisait reproche et cela n'effleurait même pas leur esprit.

Comment un *Qablunaq*, un Blanc aux «longs sourcils», pourrait-il connaître les moeurs des contrées glacées ?

Au plus décharger le traîneau, mais pour le reste, pour l'igloo et les chiens, c'était l'affaire de l'Inuk.

Les huskies déjà disparaissaient sous la neige. Lorsque Amaamak les secoua pour retirer les harnais, certains grognèrent méchamment, fatigués, croyant qu'il fallait reprendre la piste. L'homme les faisait taire par quelques coups et les grands chiens bourrus acceptaient docilement leur chaîne, la meilleure assurance pour eux du repos tant attendu et, pour leur maître, la protection des harnais que la redoutable denture eût vite déchirés, à supposer que le mauvais temps persistât.

Répartis selon leur rang dans la meute afin de ménager les instincts querelleurs, ils se replièrent aussitôt contre le froid, non sans s'être longuement secoués pour chasser neige et humidité de leur fourrure.

On mit les harnais dans l'igloo, où se trouvait déjà tout le chargement, les peaux, les sacs, la réserve de pétrole, la caisse, les poissons gelés... Des blocs de neige dure pour faire de l'eau. Seules les armes restaient dehors, enveloppées dans une toile placée sous le traîneau.

Avant de rentrer définitivement, Amaamak débarrassa ses habits de la neige incrustée dans les poils, puis il reboucha l'entrée derrière lui en ajustant soigneusement le bloc découpé à cet effet.

Dès lors le blizzard ne pouvait plus rien contre nous.

Comme, bientôt, il ne pourrait plus rien contre nos chiens à l'abri de ses morsures sous une épaisse croûte de neige.

Plus rien que nous assiéger tous, impitoyablement.

Mais sa puissance aveugle déjà s'effaçait devant le souffle du réchaud que le froid polaire de ces dernières heures exagérait au point de laisser croire à la chaleur. Le mur de neige renvoyait la lumière de la flamme et la clarté nous inondait soudain.

— Il était temps, dit Kingalik, une heure de plus et ça devenait dramatique.

— Qu'est-ce qu'on aurait fait alors?

— On aurait quand même bâti l'igloo, mais avec plus de temps et de peine. Il faut des heures parfois pour dresser un campement dans la tempête.

— Comment fait un homme seul dans ces cas-là?

— Il n'a pas besoin d'un igloo aussi grand mais c'est quand même très dur. Une fois, Amaamak ne trouvant pas de bonne neige a préféré se rouler dans des peaux et se coucher au milieu des chiens. Heureusement que la tempête n'a pas duré.

Le matériel s'empilait pêle-mêle sur le *illiq* sans que personne pour l'instant ne s'en inquiète. La préoccupation de chacun était de se réchauffer, et les mains se dressaient devant le réchaud, comme pour le retenir. Des ombres démesurées parcouraient le mur de neige.

Amaamak ne disait rien. Lorsqu'il retira le dessus de son *atigi*, les quelques plis d'un sourire s'ajoutant, fugaces, aux rides de son visage traduisaient sa satisfaction. Mieux que quiconque, les vieux chasseurs apprécient la vigueur d'une flamme quand se lève la tempête.

Le repas se composait de poisson. Comment aurait-il pu en être autrement? Pour en varier le goût, les Inuit le firent bouillir. Ils auraient certainement préféré le manger cru, mais par courtoisie pour l'étranger, ils firent longuement cuire l'omble dont la chair se séparait des arêtes. Les chiens n'eurent pas leur ration ce soir-là. Les réserves s'avéraient trop maigres pour être partagées avec onze huskies au seuil d'une claustration dont Amaamak lui-même ne pouvait prévoir la durée.

La tempête dehors déployait sa fureur à travers la plaine infinie où rien, pas même un arbre, ne faisait face à ses attaques. Rien que notre abri de neige assailli de partout, résonnant sous les charges du vent, crissant sous l'incessante projection des cristaux lancés à des vitesses vertigineuses, vibrant d'un gigantesque déchaînement que la paroi glacée n'étouffait qu'en partie. Minuscule mais rassurant refuge qui protégerait notre sommeil mieux qu'aucune autre maison.

— Qui connaît les intentions du vent? murmura Amaamak en retirant ses bottes pour s'installer sur le *illiq*.

Dès la première nuit, il m'avait assigné la place du centre sur la banquette. La tradition présidait à ce choix, qui accordait à l'invité l'endroit le plus chaud au milieu du lit de neige. Les peaux de caribou alternées, poil en bas poil en haut, constituaient un précieux isolant et nos épais sacs de couchage renforçaient l'impression d'un vague confort. Le sac d'Amaamak, comme ses habits, était cousu dans des fourrures. Nous avions les pieds contre la paroi, la tête vers le réchaud, de sorte qu'il pouvait être manoeuvré par simple extension du bras. Lorsque l'Inuk l'eut éteint, la buée de nos respirations nous rappela vite la froideur de l'Arctique.

Malgré sa fatigue, Amaamak mit longtemps à s'endormir, pressentant que ses rêves rencontreraient les traces d'un grand loup blanc blessé jadis à l'épaule droite.

Dans l'obscurité il relevait quelquefois la tête, tendant l'oreille pour déceler à travers les rugissements du vent le pas irrégulier de la bête.

Lorsque au matin il s'éveilla moite de sueur, il se souvint qu'une famille de loups à la recherche de nourriture venait d'attaquer son campement.

Il les avait tous tués.

Sans exception.

Il savourait à peine l'apaisement de ses obsessions que, soudain, l'image des traces de la veille traversa sa mémoire et le désarroi envahit son esprit, où se confondaient songe et souvenir.

Rejetant les couvertures de peaux, il s'assit sur le rebord de la banquette, cherchant à ordonner ses pensées.

Dehors, la tempête ne connaissait pas d'accalmie. Inlassablement, ses coups déferlaient sur le dôme de neige, comme s'il était la seule victime de ce courroux.

Amaamak frissonna, la sueur s'était glacée sur son corps sans qu'il s'en aperçoive. L'air froid et humide de l'igloo lui rappelait impérieusement que les nécessités de la vie prennent toujours le pas sur la réflexion chez les hommes du Dos de la Terre.

Lorsque je m'éveillai, le réchaud soufflait lumière et chaleur, mais, bien que Amaamak actionnât vigoureusement la pompe pour donner la pleine puissance à la flamme, j'appréhendais de quitter les chaudes couvertures de peau. Le vieil Inuk prépara le thé et partagea les derniers morceaux de bannique. Dorénavant il ne restait plus que quelques poissons empilés près de l'entrée.

— On ne sortira pas d'aujourd'hui! dit Kingalik, dépité.

— Crois-tu que ça va durer longtemps?

— On ne sait jamais en cette saison, deux jours, peut-être plus. Peut-être une semaine.

— Préparons-nous à tuer le temps alors!

— Pour moi c'est simple, je dors. Dommage que tu ne parles pas l'*inuttituut*, Amaamak te raconterait des histoires de chasse.

— J'espère bien que tu resteras éveillé pour m'en traduire quelques-unes!

Amaamak fumait sa pipe, absorbé par une image invisible au-delà de la flamme.

— Hé! Amaamak! lui lança Kingalik, que penses-tu de la tempête?

— Son souffle a grossi depuis hier, il faut attendre qu'il s'épuise. Ça prendra au moins trois jours.

Puis, doucement, il ajouta en hochant la tête:

— *Ayornarman, ayornarman.*

Que peut-on y faire?

Ayornarman! répéta encore Amaamak, l'Inuk sans âge pétri par la nature sauvage du Grand Nord, qui dispense calme et résignation pour affronter ses dangereux caprices.

Sous les cheveux noirs coupés court, le visage plissé aux pommettes saillantes restait impénétrable.

La dure vie dans les immensités polaires a façonné un type d'hommes au profil inchangé depuis des millénaires. Même si deux ou trois dizaines d'années ont suffi à bouleverser ce mode de vie ancestral, quelques Inuit parmi les plus forts et les plus vieux conservent en eux, vivace comme un lichen, la flamme du passé que rien n'a jamais pu souffler, ni les misères, ni les famines. Ni les hommes blancs.

Amaamak se leva pour fouiller dans le coffre, d'où il retira une pierre et une lime à métaux. Puis il jeta sur le sol une peau de caribou, la replia et, assis en tailleur, contempla posément la roche.

— Amaamak ne s'ennuie jamais pendant les tempêtes, il trouve toujours à s'occuper, commenta Kingalik.

Mais les gestes de son grand-père captivaient mon attention.

Il faisait tourner dans ses mains cette pierre vert foncé parcourue de nervures pâles. Grosse comme les deux poings, elle ne présentait pas la moindre ébauche de forme.

Il en déterminait exactement le volume, des yeux et des mains.

Il jaugeait la force secrète prisonnière de la matière. Il devinait l'âme de la pierre qui, bien plus que de donner un sens à la sculpture, apporterait la réponse à ses préoccupations du moment.

Les circonstances voulaient que le chasseur sculpte un caribou, mais... il y avait ces traces irrégulières non loin d'ici, et la pierre devait devenir un loup.

Un grand loup blanc.

Dès lors, c'est sans ménagement que l'Inuk s'attaqua à la matière et la tendre stéatite s'effritait à chaque passage de la râpe. Amaamak commença par raboter les angles qui s'effacèrent rapidement. On n'entendait dans l'igloo que le crissement de la lime avec, en arrière-plan, le souffle régulier du réchaud. Dehors, le blizzard poursuivait sa course démente, parti du Nord vers les pays d'en bas où il ne serait plus qu'une brise.

Et personne, si loin, n'aurait idée de sa force. Nous-mêmes dans l'instant en perdions conscience : l'Inuk taillait la pierre.

Depuis des milliers d'années, l'Inuk taille la pierre.

À l'aide d'éclats durs et pointus, ou de lames en os ou en ivoire tout d'abord. Avec des outils en fer plus tard, mais le travail reste le même.

— La sculpture a toujours eu beaucoup d'importance pour ton peuple, Kingalik ?

— Oui, je crois. Le pays est sans arbre et avant les gens faisaient tout avec la pierre, la lampe à huile, les outils. Pas seulement des objets à regarder.

— Beaucoup sculptent encore au village ?

— Les chasseurs surtout, les autres ne connaissent pas assez les bêtes pour inscrire leurs attitudes dans une pierre.

— Les chasseurs ont aussi plus d'aventures à raconter ?

— Oui, aussi, ils disent toujours que les sculptures vont favoriser leurs chasses, mais je ne crois pas à ça.

La sueur perlait au front ridé d'Amaamak et le pâle éclairage s'y jouait en de curieux reflets. De temps en temps il posait son ouvrage et, tout en secouant la poussière de ses mains, prononçait quelques paroles à l'adresse d'un interlocuteur invisible.

Il pouvait s'écouler de longues minutes avant qu'il ne reprenne la stéatite, mais jamais il n'hésitait pour donner le premier coup de lime. Pas plus qu'il ne vérifiait l'équilibre des volumes. Comme si la sculpture existait déjà, simplement recouverte de quelque gangue dont il suffisait de la dégager.

Kingalik s'était rendormi, enfoui sous les peaux. Avec Amaamak nous nous tenions près du réchaud depuis un temps incalculable. Mon regard rencontra celui du vieil Inuk et, pour la première fois, j'eus l'impression que son sourire n'était pas un masque.

Lorsqu'il s'éveilla, Kingalik dit qu'il avait faim. Un autre poisson fut donc découpé. Il n'en restait plus que deux, dont un petit. Les chiens, eux, n'avaient pas mangé depuis deux jours mais les Inuit ne s'en souciaient point.

— Qu'y pouvons-nous? dit Kingalik. Tu sais, ils peuvent supporter la faim longtemps, plus longtemps que toi et moi.

Amaamak fit du thé pour la troisième fois de la journée et chacun vida lentement sa tasse, sans autre bruit que le chuintement des lèvres au contact du liquide brûlant. Le toit de l'igloo commençait à dégoutter malgré une température à peine confortable. L'air le plus chaud se plaquait sous la voûte et patiemment lui arrachait de grosses larmes glacées. Amaamak prit alors une poignée de neige qu'il colla dessus pour les absorber. Puis il poursuivit son ouvrage.

Kingalik jeta un regard distrait à la sculpture à peine ébauchée : les coutumes de son grand-père n'avaient d'autre valeur à ses yeux que celle d'un passe-temps démodé.

— Je sais que dans le Sud les sculptures inuit coûtent très cher, dit-il, ça m'a toujours étonné.

— Ce sont des oeuvres d'art.

— Amaamak n'est pas un artiste, c'est un chasseur; il sculpte pour contenter l'esprit des animaux, pas pour faire une oeuvre d'art.

— Rendu dans le Sud, c'est le résultat qui compte.

— Tu as raison, et je crois que si les Inuit connaissaient mieux la mentalité des Blancs, ils pourraient gagner beaucoup d'argent. Si je savais sculpter, moi, j'en gagnerais beaucoup, en tout cas.

— Pourquoi faire?

— À Igloolik, pas grand-chose, mais il existe des villages plus grands dans l'Arctique. On m'a parlé de Frobisher Bay[1], où la vie est plus moderne que chez nous. Ils ont tué tous les chiens là-bas, il n'y a que des motoneiges et même des voitures comme j'en ai vu à Québec.

— Tu voudrais vivre là-bas?

— Bien sûr, ça me plairait, mais je préfère qu'Igloolik se modernise, j'aime la région.

— Tu sais, la région ne sera plus pareille si les Blancs transforment Igloolik!

— Ça ne fait rien, on ne doit plus vivre comme avant. Dans le Sud, on nous prend pour des sauvages. Les méthodes des Blancs sont meilleures.

— Même pour les Inuit?

— Bien sûr, puisque les Inuit ne savent que chasser, et d'ailleurs la plupart aujourd'hui ne le peuvent que grâce aux Blancs, grâce à la motoneige inventée par les Blancs, le fusil des Blancs, les outils

---

1. Maintenant Iqaluit, capitale du Nunavut.

des Blancs, l'équipement des Blancs... Il reste peu d'Inuit aussi conformistes que Amaamak.

— Tu en parles avec lui quelquefois?

— Non, Amaamak est trop vieux. Il connaît les choses de la vie mais il ne comprendrait pas ça. C'est la vie elle-même qui doit se transformer ici, et marquer le pays des signes du temps présent inscrits en fer et en béton. En mécaniques aussi puissantes que le vent.

«Oui, la vie doit changer», répéta-t-il, songeur, à la poursuite de son rêve.

Un rêve né bien loin de ces immensités glacées, et dont il évitait de parler avec son grand-père. Par respect et par crainte aussi. Bien plus que les reproches, il redoutait que l'Ancien, dans sa sagesse, ne lui révèle une nouvelle vision de l'avenir qui réduirait ses espérances à néant.

Le vieil Amaamak parlait toujours avec autorité et, à ses côtés, Kingalik restait un enfant. Pourtant, dans les soirées au village, on racontait souvent des histoires dont les héros étaient des garçons de son âge, respectés et admirés par les plus vieux Inuit.

Rien de cela pour lui.

Même s'il pouvait réparer une motoneige dans l'atelier du Gouvernement, personne dans la communauté n'y voyait l'exploit d'un Inuk. L'homme blanc savait faire plus.

Même à la chasse, son grand-père, malgré la différence d'âge, montrait davantage d'habileté.

Deviendrait-il jamais, lui, jeune et ambitieux, un homme craint et respecté comme l'était déjà son grand-père à son âge? Comme il le reste encore?

Dans les réunions, les histoires de chasse primaient toujours, et Kingalik, n'en connaissant aucune qui puisse rivaliser avec celles des chasseurs, ne faisait qu'écouter. Rien de ce qui arrive dans une journée à l'atelier des Blancs n'obtenait seulement l'attention reçue par la plus fade histoire de chasse. Il s'en sentait profondément frustré. Il souffrait de plus en plus de la lourde hérédité de son peuple. Impression déjà ancienne ressentie maintenant à l'endroit des choses les plus banales, au point d'en éprouver de durs complexes envers les Blancs du village. Mais une sourde impuissance freinait sa détermination à oublier totalement le passé.

Amaamak le tira de ses réflexions en lui demandant une cigarette, dont la fumée vint s'ajouter par larges bouffées à celle déjà suspendue sous le toit de l'igloo. J'aurais souhaité que rentrât un bref instant le vent qui nous assiégeait pour l'emporter. De temps en temps, l'Inuk dégageait le trou pratiqué au-dessus du réchaud lorsque la fumée et l'odeur du pétrole devenaient trop lourdes à respirer. Le bruit assourdissant nous parvenait alors plus précis, mais l'air glacial n'avait pas vraiment pénétré qu'Amaamak rebouchait le *qingaq*, laissant nos maux de tête sans soulagement.

— On va bientôt pouvoir chasser le phoque à découvert, dit-il sans s'adresser à personne, les yeux dans le vague.

Avant que j'en exprime le désir, Kingalik entreprit la traduction, pressentant quelque histoire qui tromperait la longueur de l'attente.

— C'est autre chose, la chasse au phoque, continua Amaamak, puis, pensant tout haut :

— Pourrai-je encore longtemps courir derrière les chiens sur la banquise à la recherche des *agloos* où *Nassik* vient respirer? Et l'attendre là, immobile pendant des heures, et le harponner? Aurai-je encore la force de maintenir la lanière du harpon et de hisser l'animal sur la glace et d...

— J'en achèterai à la Coopérative, du phoque, trancha Kingalik.

— *Pionngitoq, pionngitoq,* répéta Amaamak avec dans la voix l'amertume de celui qui ne peut se résoudre.

— Comment fait Amaamak pour déterminer le trou où le phoque va respirer parmi tous ceux qu'il creuse?

— Le phoque change toujours de trou, il viendra bien à celui où le chasseur l'attend, mais on peut l'y forcer. Deux chasseurs marchant d'un même pas, très près l'un derrière l'autre, tournent autour d'un *agloo* en faisant des cercles de plus en plus petits. Le phoque dans l'eau entend les pas et se dirige vers son trou. Lorsque les chasseurs en sont tout près, l'un se fige sur place le harpon à la main pendant que l'autre s'éloigne en faisant bien craquer la neige. Le phoque croit alors le danger écarté, il sort la tête pour respirer et reçoit le harpon du chasseur à l'affût. Amaamak chasse parfois comme ça avec le vieux Apakaq.

Sans comprendre nos paroles, le vieil Inuk se doutait que Kingalik parlait de chasse. Alors, il se remémora une histoire, à haute voix comme jadis pour les Inuit rassemblés dans les igloos d'hiver. Aujourd'hui pourtant, c'est à lui seul qu'il semblait s'adresser, pour oublier que le temps inexorablement triomphera de ses forces et de son courage. Là où les peines et les dangers avaient échoué.

« J'étais parti loin sur la glace, au bord de la mer libre, pour surprendre les phoques qui profitaient des premières chaleurs du soleil. Le voyage fut difficile, en maints endroits la glace craquait déjà et les chiens devaient sauter par-dessus l'eau glacée. Le traîneau passait encore sans trop de difficulté à cause de sa longueur. Transformé en pont, il reliait les glaces séparées, mais sans cesse il fallait l'orienter pour éviter qu'il ne chavire dans une crevasse.

« Le soleil brillait fort et, pour ne pas être aveuglé par l'éclat de ses reflets sur la neige, je portais des *egat* taillées dans un os et percées de deux minces fentes par où la lumière pénétrait comme l'eau d'un ruisseau à travers les premières fissures de la débâcle. Pour éviter les brûlures, j'avais enduit mon visage de graisse d'*aqiggît*, ces oiseaux qui confondent si bien leur plumage aux couleurs de chaque saison.

« Bientôt, je laissai les chiens et continuai à pied. L'hiver ils savent repérer les *agloos* mais au printemps, quand le nouveau soleil fait sortir *Nassik*, ils doivent rester au loin pour ne pas l'effrayer.

« Les phoques ne semblaient pas très nombreux à cet endroit et *Nanook* venait de passer. Je rencontrai ses larges empreintes encore fraîches. *Nanook* est grand chasseur de phoques, aussi rusé et habile que l'Inuk. Aussi patient. Mieux équipé par la nature, il se dissimule plus aisément et peut même, ayant repéré un phoque près de l'eau, nager en silence le long de la glace jusqu'à sa hauteur. Il ne lui reste alors qu'à l'effrayer et l'animal désemparé, en cherchant refuge dans la mer, se jette dans la gueule de *Nanook* juste au-dessous. Les anciens disaient aussi qu'il pouvait prendre entre ses pattes un bloc de glace et s'en servir pour tuer *Aîveq* lorsque ses puissantes griffes n'y suffisaient pas. Oui, *Nanook* est redoutable, et malheur au chasseur qui le rencontre sans ses chiens !

« J'inspectai soigneusement les environs, dans le sens des traces surtout, sans rien voir sur la glace aveuglante à force de soleil où la neige, qui ne fondait pas encore, ne manquerait pas de trahir *Nassik* lorsqu'il sortirait mais protégerait *Nanook* avec sa robe blanche. Au loin, la mer libre sur de grandes surfaces se reflétait dans les nuages.

« En m'éloignant des pas de l'ours, je trouvai des traces de renard. *Teriganniaq* sait que *Nanook* ne mange que la graisse de *Nassik* et lui laisse les entrailles. Bientôt j'aperçus un phoque, petite tache sombre là-bas parmi les reflets éclatants, pas plus grosse que *Kaglulik* lorsqu'il traverse en solitaire le ciel du pays. L'animal se trouvait encore loin mais aussitôt je me mis à ramper dans sa direction. *Nassik* est tellement méfiant ! S'il aime se chauffer au soleil du printemps, c'est avec beaucoup de précaution, jamais loin de son trou pour pouvoir plonger à la moindre alerte. Sur la glace il ne dort pas vraiment, inspectant régulièrement les environs.

« Seuls les bébés phoques sans défense se laissent approcher facilement, mais l'Inuk ne tue pas les petits du phoque.

«Je connais plusieurs façons de surprendre *Nassik*, la plus sûre restant toujours de lui laisser croire qu'on est un phoque comme lui.

«Pour cela il faut le surveiller très attentivement. Lorsqu'il semble dormir, ramper le plus vite possible et, dès qu'il regarde autour de lui, imiter ses mouvements. Se rouler sur le côté, garder les pieds collés et les remuer ensemble, dresser la tête, plaquer ses bras au corps en bougeant les mains comme les nageoires.

«Je fis cela avec le premier phoque aperçu ce jour-là. L'animal me regarda fixement tout d'abord, l'air inquiet comme à son habitude. À la seconde observation, après quelques instants de somnolence, il regagna son trou d'eau.

«Je n'eus pas plus de chance avec un autre, également trop éloigné pour être visé. Rien ne sert de tirer un phoque dans l'eau à cette époque, il coulerait aussitôt, ne laissant au chasseur accouru que l'image de son sang répandu inutilement. Seul le phoque d'automne est assez gras pour flotter.

«Plus loin, un troisième, apparemment beaucoup plus gros, se laissait réchauffer paresseusement à quelques pas d'une large fissure, trou noir dans la blancheur aveuglante de la banquise. Je redoublai de précautions pour l'approcher et mon imitation fut si parfaite que *Nassik* crut vraiment que j'appartenais à son espèce.

«J'arrivai assez près pour tirer. Profitant de son demi-sommeil, je visai soigneusement la tête, un peu en arrière de l'oeil, mais le coup ne partit pas, mon fusil s'étant enrayé. À cause de la neige sans doute.

«Et *Nassik* en profita pour disparaître dans l'eau sombre.»

— *Ayornarman*, dit Amaamak avec un haussement d'épaules. C'est la fatalité, on n'y peut rien.

Puis il continua son récit:

«Le soleil pâlissait et je n'avais tué aucun phoque. Plus un seul ne montait sur la glace maintenant que les rayons de *Seqineq* ne chauffaient pas plus qu'une pauvre lampe d'igloo où l'huile commence à manquer. Dans les trous d'eau, j'apercevais parfois une tête lisse aux longues moustaches émergeant pour respirer et qui s'attardait un peu à m'observer. Un mauvais vent descendait de la terre en poussant devant lui de gros nuages lourds comme la femelle de caribou avant la mise bas.

«Les glaces craquaient et commençaient à s'agiter d'un mouvement ondulatoire que les chasseurs de phoques n'aiment pas. J'étais loin des chiens et plus encore de la glace fixe. À mesure que je me hâtais vers le traîneau, la danse de la banquise s'amplifiait, les crevasses s'élargissaient et exigeaient de plus grands sauts par-dessus l'eau glauque pour passer d'un bloc à l'autre. Les chiens aussi redoutent les glaces mobiles, je les retrouvai anxieux et excités comme un renard pris au piège.

«Le vent augmentait en violence et le ciel se couvrait de plus en plus lorsque nous partîmes vers la terre. Quelquefois, dans notre lente progression, les chiens ne parvenaient pas à franchir une crevasse. Il fallait alors chercher un meilleur passage obligeant à de longs détours. Puis il arriva un moment où chaque voie nouvelle que nous essayions butait toujours contre un large bras d'eau impossible à traverser. Un nuage de brume s'en échappait, qui nous masquait l'autre bord.

«L'eau nous cernait de toute part, semblable aux chiens lorsqu'ils retiennent un ours blanc. Le vent nous poussait vers le large.»

Amaamak prit un temps très long avant de poursuivre, comme il s'était attardé sans doute sur son radeau glacé à l'examen de sa fâcheuse posture.

«Le glaçon qui nous transportait mesurait peut-être cent pas sur soixante, mais ne paraissait pas vouloir se fragmenter à nouveau comme le font souvent les plus gros. Sur ce refuge précaire, parmi le tapis de glaces flottantes plus animées que les peaux des tentes d'été sur les collines, l'impuissance me forçait à attendre que le vent change de direction et nous ramène vers la terre.

«Ou qu'un froid assez fort referme la banquise.

«Des cris déchirants s'étranglaient dans la gorge des chiens, eux aussi conscients du danger de notre situation ridicule avec un traîneau chargé des choses habituelles, nécessaires aux voyages mais bien inutiles à cet endroit.

«Et aucune nourriture.

«Seulement deux vieilles peaux de caribou pour tempérer un peu le froid de la nuit qui couvrirait tout de frimas. Avant de m'endormir sur les traverses du *kamotiq*, j'essayai d'apercevoir la grosse étoile, mais trop de nuages et de brouillard s'accumulaient au-dessus des glaces pour que sa lumière puisse m'atteindre.

«Le lendemain, nous dérivions toujours. L'espace grandissait entre chaque glaçon, nous isolant davantage, apeurant un peu plus les chiens qui n'osaient même pas marcher, ramassés en boules pitoyables et gémissantes. Le vent, d'une force soutenue, continua de nous pousser toute la journée. En m'endormant pour la seconde nuit sur le bateau de glace, je n'avais toujours pas aperçu l'étoile.

«À mon réveil, nous étions loin des morceaux de banquise, petites taches blanches dansant au gré des vagues, à peine visibles dans l'horizon brumeux.

«Loin de la terre aussi.

«Loin de tout.

«Les chiens s'abandonnaient à leur angoisse, geignant de concert comme les femmes du village lorsque des chasseurs sont portés disparus. La mer s'aplatissait. Peut-être le vent allait-il tomber et attendre des jours avant de retrouver la force de nous ramener.

«Ou de nous entraîner ailleurs.

«La faim commençait son siège patient qui, chaque jour, nous tordrait un peu plus les entrailles. Les chiens déchiquetaient les petites bottes en peau protégeant leurs pattes de la glace coupante du printemps. Je n'avais pas mangé depuis la veille du départ. Au mieux, avec un bon vent, je me trouvais à deux soleils des glaces solides. Une fois rendu, il me faudrait des forces pour traverser la banquise; je décidai donc de tuer un chien pour me nourrir. Plusieurs fois déjà dans ma vie, j'avais dû sacrifier des chiens pour ne pas mourir de faim. Je n'aimais pas faire ça, mais c'était la seule solution. *Ayornarman.*»

«*Ayornarman*», répéta une nouvelle fois Amaamak, marqué par toute une vie de luttes contre les forces d'une nature implacable avec laquelle il avait cependant réussi à vivre en harmonie, comme ses ancêtres, depuis des milliers d'années.

« Dans le matin, les nuages se crevèrent de grands trous bleus par où s'échappait le soleil, comme les torrents jaillissent lorsque la glace n'a plus la force de les contenir. Le vent ne soufflait plus du même côté et je savais que, vers l'ouest, les glaces solides avançaient loin dans la mer et pourraient nous arrêter. Quand *Seqineq* fut au plus chaud, je commençai à apercevoir d'autres points blancs éparpillés. Le vent reprenait son souffle et, à mesure que les nuages disparaissaient, les glaçons arrivaient plus nombreux, tels des caribous se rassemblant pour la migration d'automne.

« Les chiens retrouvaient la vie. Dressés sur leurs pattes, le nez tendu, ils guettaient ces taches claires qui se rapprochaient, impatients de bondir dessus et de regagner un endroit sûr. Une piste d'ours ne les aurait pas énervés davantage, malgré la faim.

« Avant de m'endormir ce soir-là, j'aperçus enfin l'étoile brillante, un peu en avant. Nous étions sur le chemin du retour. Dans la nuit, le vent forcit et les glaçons commencèrent à se toucher, se bousculant avec fracas. Mais seul le froid maintenant parviendrait à maîtriser leur danse brutale.

« Lorsque le jour neuf rougit l'horizon, la mer avait disparu, à nouveau prisonnière sous un plancher glacé, désuni mais fixe.

« Il était temps d'abandonner ce radeau enfin immobile. Cela demanderait beaucoup de prudence car la jeune glace entre les blocs n'aurait pas toujours la force de nous soutenir, et je savais que, par endroits, il serait difficile de la remarquer, vu sa couverture de neige.

«Les chiens, d'ordinaire, connaissent ce danger, mais la faim et la banquise retrouvée les excitaient au point de leur faire perdre toute prudence. Je dus maintes fois les battre pour les ramener à la raison. Cet amas de blocs entassés par le vent et les vagues, patiemment ressoudés par le froid, cachait des embûches mortelles et chaque bête, comme moi-même, avait besoin de tous ses sens pour déceler la faille ou la mince glace qui risquait de nous engloutir. Plusieurs chiens tombèrent dans l'eau glacée et je peinai beaucoup pour les en sortir.

«Je ne pensais plus aux phoques mais à l'urgence de rejoindre les glaces unies à la terre, car un bras d'eau libre pouvait encore nous barrer la route et nous étions loin du point de départ. La progression était lente, sans cesse quelque aspérité retenait le *kamotiq*. Nous nous sommes arrêtés lorsque le soleil fut si pâle que même *Teriganniaq* n'aurait pu retrouver son chemin.

«Une partie de la nuit, le vent ne souffla pas très fort mais dans la bonne direction et j'aperçus *Ndartsik*, la grosse étoile qui remplace le soleil pour se guider pendant la longue nuit d'hiver. Hélas, elle disparut bien avant que l'aube ne colore les glaces, masquée par les nuages que chassait à nouveau un mauvais vent à présent venu du nord-ouest. Dès les premières clartés nous repartîmes. Les chiens voyaient à peine où ils posaient les pattes. Le froid, éternel ennemi, devenait notre sauveteur. Depuis la veille, il recollait la banquise disloquée revenue du large, nous permettant d'avancer parmi les blocs chaotiques qui masquaient de dangereuses fissures aussi difficiles à déceler qu'*Aqiggeq* dans la rocaille. J'avais peur que ce dernier caprice du vent ne détache encore le pack et l'emporte à la dérive.

«Vers le milieu de la journée, des falaises se dessinèrent au loin. Encore quelques heures de marche et nous serions saufs. Notre ardeur semblait inépuisable, stimulée tant par la proximité de la terre ferme que par les craquements secs de la glace. La peur gagnait à nouveau les chiens à mesure que les terribles plaintes s'amplifiaient et que recommençait sous leurs pattes la danse tant redoutée. Déjà ils n'entendaient plus mes cris et j'avais grand mal à les faire obéir. Des fentes se formaient, que nous devions enjamber, mais nous savions la glace solide là, toute proche, et nous voulions l'atteindre sans détours.

«À la dernière crevasse, alors que les chiens et le traîneau étaient passés, je sautai par-dessus l'eau noire pour les rejoindre. Mon pied glissa et le bond ne fut pas assez fort. Seuls mes bras prirent appui sur l'autre bord. Je restai ainsi d'interminables minutes, dans l'eau jusqu'aux genoux, luttant de toutes mes forces pour me hisser sur la glace.

«Ma mauvaise prise faillit bien me coûter la vie.

«L'eau rentrait dans mes bottes et le froid me paralysait. Lorsque, après un ultime effort, je parvins à me rétablir, je ne sentais plus mes pieds.

«Gelés.

«Sans perdre un instant, le souffle encore court, je tuai deux chiens et les dépouillai rapidement. Puis je découpai mes bottes trempées déjà durcies et enveloppai soigneusement chacun de mes pieds nus dans une peau chaude et fumante maintenue bien serrée par une lanière.

«À force de mouvements le sang se remit à circuler et bientôt la vie coula jusqu'au bout de mes jambes. Je pouvais continuer.

«Nous avions dérivé vers l'ouest, mais je connaissais la région, ayant hiverné une année dans les parages. Lorsque la mer se retirait loin sous la glace, nous descendions par un trou pour ramasser les grosses moules cachées dans la boue. Je savais que quelques Inuit bâtissaient encore leurs igloos sur la banquise, dans une baie d'où le vent ne pouvait les chasser de l'hiver. Les phoques abondent près de chez eux et les esprits de la mer circulent sous leurs maisons.

«Avant le soir je retrouvai leur village. Un chasseur m'accueillit dans sa demeure pour me réconforter et prendre soin de mes chiens. J'avais eu beaucoup de chance de ne pas me geler les pieds. Depuis, ils sont devenus noirs et calleux comme l'envers d'une vieille peau de phoque.»

— *Akluni! Akluni!* dit Amaamak, arrivé au terme d'une aventure dont sa vie entière n'était qu'une longue suite.

Pour s'assurer peut-être qu'il ne vivait pas un rêve, hypnotisé par la flamme jaune d'une ancienne lampe à huile, il retira ses bottes et ses chaussettes de lièvre, puis massa longuement ses pieds nus, noirs et calleux comme l'envers d'une vieille peau de phoque.

5

Tuksiareaq
La propitiation

La tempête qui secouait la toundra s'était apaisée pendant le long voyage de l'Inuk et ses chiens. Maintenant elle s'acharnait à nouveau et notre abri de neige répercutait sourdement ses clameurs.

Amaamak tendit la main jusqu'à la pierre verte grossièrement rabotée. Il la retourna plusieurs fois, la regarda un long moment, mais ses yeux ne voyaient qu'un grand loup blanc attendant lui aussi que le mauvais temps cessât, quelque part dans un creux de neige.

Pas loin peut-être.

Le vieil Inuk marmonna quelque chose, prit la lime et continua son travail. La flamme du réchaud creusait des ombres sur son visage plissé, et ses yeux vifs brillaient d'une inflexible résolution.

Kingalik et moi nous tenions face à lui.

— Tu chasses aussi le phoque, Kingalik?

— Quelquefois au printemps, mais pour l'approcher je me cache derrière un écran blanc, c'est moins difficile.

— Tu en tues beaucoup?

— Non, je n'aime pas tellement le phoque. Amaamak en mange tous les jours pendant la saison et il nourrit ses chiens avec, il doit en tuer beaucoup...

Puis, rejetant en arrière la longue mèche de cheveux qui lui barrait le front, il ajouta :

— Tu sais, je ne suis pas un chasseur, moi, je chasse pour m'amuser, pas pour nourrir la famille. Je peux vivre sans aller à la chasse.

— La nourriture coûte cher ici !

— Ça m'est égal, je gagne de l'argent, et puis la nourriture des Blancs est meilleure.

— Tu préfères les conserves !

— Oui, c'est plus varié. Toujours du gibier, c'est lassant. Il n'y a que les vieux pour aimer ça, ils disent même que la nourriture en boîte fait tomber les dents.

— Elle est sûrement moins nourrissante que le phoque ou le caribou.

— Je n'en sais rien, mais il n'y aura pas toujours des chasseurs. À quoi bon s'attarder sur un passé qui ne parle que de famines et de misères ? Seuls les vieux regrettent les gibiers d'antan et cette obsession les empêche de goûter à la vie meilleure. La façon de vivre des Blancs rend plus heureux que celle des Inuit, je l'ai vu dans le Sud.

Dans les mains d'Amaamak, la pierre verte lentement prenait forme, révélant la tête d'un loup de puissante encolure.

Les derniers poissons furent engloutis sans souci du lendemain, bien que la tempête ne montrât aucun signe de faiblesse. Lorsque, repus, nous prîmes sur le *illiq* nos places pour la nuit, l'inquiétude m'habitait quant à nos repas futurs. Après les ultimes hoquets de la flamme, la température tomba rapidement. La buée suspendue au plafond se figea sur les murs. Le blizzard qui rugissait au dehors parvenait à donner des frissons avant que la chaleur du corps n'attiédisse le sac de couchage.

Le sommeil fut long à venir. Jamais le fracas de la tempête ne m'avait paru si menaçant et la forte respiration des Inuit ne parvenait pas à m'en distraire.

Au matin la situation n'était pas meilleure, bien au contraire. La lumière réconfortante n'existait plus. À sa place, la pauvre flamme d'une bougie à la lueur de laquelle Amaamak s'évertuait à réparer le réchaud. Il secouait le réservoir alimenté la veille par nos dernières réserves de pétrole, mais le liquide rendu blanchâtre par le froid ne parvenait pas à s'enflammer.

Après la fin de nos provisions, si nous devions manquer de chaleur !

La perspective me parut soudain si effrayante qu'elle me figea dans mon sac avec l'idée de m'y enfouir au plus profond pour oublier ce vent maudit infatigable, interminable, qui malmenait notre abri depuis des jours. Depuis des mois, des siècles...

Je me levai pourtant, m'habillai en grelottant et me penchai vers Amaamak.

L'Inuk me confia le réchaud qu'il tenait au-dessus de la bougie, en m'indiquant de le remuer régulièrement. Lui, pendant ce temps, fouillait à l'aveuglette dans le coffre. Bientôt, une seconde bougie ajouta sa flamme chétive à l'autre qui léchait paresseusement le réservoir.

Il fallut attendre une heure peut-être pour que le pétrole s'allume et, lorsque la flamme jaillit, sa lumière éclaboussa le visage radieux du vieil Inuk.

On prépara immédiatement du thé, puis Amaamak se remit à sa sculpture. La lime crissait moins fort à mesure que les formes se précisaient. Cependant, les mains de l'Inuk travaillaient avec une égale sûreté exempte d'hésitation, utilisant maintenant la queue aiguisée de la lime ou la lame du couteau pour atteindre le creux des angles et dégager les détails. De petits morceaux de stéatite se détachaient et roulaient sur le pantalon, laissant sur la peau parcheminée de minuscules traînées grises.

Amaamak m'accordait peu d'attention, tout à son ouvrage. Il me jetait parfois un regard, un sourire déformait ses rides et des mots inintelligibles s'articulaient dans sa gorge. Je l'observais, fasciné par son habileté à donner vie à la pierre, avec la maîtrise d'un homme dont ç'eût été la seule occupation.

Mais la seule occupation d'Amaamak, c'était la chasse.

La vraie chasse, continuation du combat millénaire mené par les Hommes du Dos de la Terre pour leur survie, où la connaissance de la bête doit être parfaite pour engendrer le succès, à force de ruse et d'intelligence. Et de patience. Où la bête même ne meurt pas tout à fait, offrant sa viande et sa fourrure au chasseur habile qui l'a possédée, tout en conservant son esprit qui voyagera à jamais dans le pays. La sculpture n'est que la projection sur la matière de cet immense savoir et du profond respect que l'Inuk porte aux animaux.

Nos regards se croisèrent par-dessus le réchaud. Nos yeux brillaient des mêmes reflets dorés de la flamme. Chacun essaya de deviner ce que l'autre pensait, mais je crois que nos esprits se confondaient dans les mêmes réflexions.

Kingalik dormit une bonne partie de la matinée. Sachant notre nourriture épuisée, sans doute préférait-il s'abandonner au sommeil pour oublier la faim. Lorsqu'il s'éveilla, avant de sortir de sous les peaux il questionna son grand-père :

— Comment est le vent, Amaamak ?

— Il s'épuise comme un caribou poursuivi par les loups. Demain, son souffle n'aura plus la force de nous empêcher de sortir.

Pourtant, rien de ce qui parvenait de l'extérieur ne laissait croire à un apaisement mais pour Amaamak, comme pour toutes les bêtes réfugiées alentour, d'imperceptibles modulations annonçaient la fin proche de la tempête.

— Tu as déjà vécu sous l'igloo, Kingalik ?

— Lorsque j'étais très jeune, mais je ne m'en souviens plus.

— Comment passait-on le temps lorsqu'il faisait une tempête ?

— Les hommes dormaient ou réparaient leur équipement, les femmes cousaient. On racontait les histoires de l'été, les chasseurs chantaient des chansons composées sur le traîneau. On jouait aussi à des jeux de ficelle, à l'*ayagaq*, à l'*inuganngoat*... Les jours étaient longs sous le peu de lumière de la lampe !

— Les hivers devaient être terribles avec de simples lampes à huile pour se chauffer?

— Les gens avaient l'habitude mais il en mourait beaucoup; les plus forts résistaient. Mon grand-père dit souvent que la médecine d'aujourd'hui n'est pas bonne, en prolongeant la vie elle affaiblit la race. Il se croit toujours aux temps anciens.

Amaamak avait posé sa sculpture pour s'intéresser aux harnais entassés près du coffre. Il les inspecta puis en retira deux dont les attaches avaient craqué.

— La tempête va sûrement se calmer, commenta Kingalik tandis que son grand-père préparait un morceau de babiche pour la réparation.

— Comment dresse-t-il ses chiens?

— Il te l'expliquera mieux que moi, dit Kingalik en traduisant la question.

La face d'Amaamak s'éclaira. Un Inuk est toujours fier de parler de ses chiens.

— Il faut d'abord être sûr qu'ils soient bons. À la naissance, je ne garde que ceux qui redressent la tête quand on les tient par les pattes arrière. Lorsqu'ils grandissent, je les laisse courir en liberté dans l'attelage, à côté de leur mère, et je les entraîne l'été d'après.

— Pourquoi l'été?

— Ils tirent souvent au-dessus de leurs forces, en hiver ils se gèleraient les poumons. Je leur apprends surtout à tirer.

— Sans neige?

— Oui, avec un petit traîneau ou une charge simplement.

— Et pour le chien de tête?

— Ayok est encore jeune, il n'est pas près d'être remplacé. C'est dur de trouver un bon chien de tête, mais leur dressage est plus facile car ils sont toujours intelligents. Il suffit de leur répéter les ordres souvent et d'approuver ou de faire claquer le fouet près de leurs oreilles. Parfois le chien de tête est même trop malin et un mauvais conducteur se fait facilement mener.

— Comment s'organisent-ils ensuite dans l'attelage?

— C'est leur affaire, ils définissent une hiérarchie et l'homme doit la respecter. La moindre erreur peut déclencher une bagarre.

Tout en parlant, Amaamak avait rabouté les morceaux de harnais. Il les jeta parmi les autres et se leva pour enfiler ses habits d'extérieur.

— Je vais voir le vent, dit-il.

— Je l'accompagne, dis-je à Kingalik, saisissant l'occasion de respirer un peu d'air pur, fût-il de glace.

— Moi je reste ici, mais ne t'éloigne pas. Quelques pas d'écart suffisent parfois pour s'égarer dans une tempête. On a vu des Inuit bâtir un igloo en pensant qu'ils étaient perdus et lorsque le mauvais temps a cessé, ils ont découvert qu'ils se trouvaient à cent pas du village!

Amaamak découpa le bloc d'entrée et rampa à l'extérieur. Le blizzard nous accueillit avec une telle violence qu'il était impossible de se tenir debout. Des rugissements assourdissants venaient de partout. L'air n'était qu'un tourbillon opaque cinglant le visage. La neige folle butait contre notre abri sans pouvoir s'y maintenir, emportée ailleurs pour composer la plus gigantesque des sculptures.

Les chiens avaient disparu.

Le regard découvrait quelques mètres à peine où tout n'était que blancheur.

Amaamak avançait à genoux et je le suivais de très près. En grattant avec son couteau, il trouva la chaîne des huskies qu'il remonta jusqu'à la première attache. Là, il tira d'un coup sec et une chaîne secondaire apparut. Il tira encore. Au bout, la neige alors bougea, se cassant en morceaux qui camouflaient un animal hébété, furieux d'être dérangé dans sa tanière. L'Inuk remonta la chaîne à nouveau et mit au jour un second chien. Et ainsi jusqu'à Ayok. Sitôt dégagé, chaque animal s'ébrouait puis tentait de reprendre la même place dans son trou.

Nous fîmes le tour de l'igloo et, avant de rentrer, Amaamak découpa un bloc de neige pour faire de l'eau.

— Alors, dit Kingalik, il fait beau dehors?

Mon visage semblait gelé, j'articulais difficilement:

— Tu parles d'un vent! Amaamak a réveillé tous les chiens, sais-tu pourquoi?

— C'est pour éviter qu'ils s'étouffent. Lorsque la neige les recouvre trop longtemps, ils peuvent s'asphyxier.

Cette brève sortie trompa un instant la monotonie et les quelques bouffées d'air arrachées au blizzard comme un verre d'eau à une cataracte avaient suffi à réveiller nos énergies.

À appeler la faim aussi.

Avec seulement quelques tasses de thé pour lui répondre.

Amaamak à nouveau façonnait son loup.

Muni d'un morceau de papier de verre, il ponçait la surface raboteuse de la stéatite. Une fine poudre verdâtre recouvrait ses mains qu'il secouait de temps en temps, libérant un petit nuage scintillant au-dessus de la flamme. Tandis que le grain s'affinait, le vert pâle de la stéatite brute s'assombrissait. D'une main experte, l'Inuk caressait son oeuvre, y compris le dessous. Il passait à nouveau avec son papier usé sur l'endroit hérissé de la moindre aspérité.

— Amaamak, qui respecte tant les coutumes, sculpte un loup alors que nous chassons le caribou! dit Kingalik en jetant un regard indifférent sur la pierre.

— Demande-lui pourquoi.

— Oh, ça n'a pas grande importance.

— Si, demande-lui, insistai-je, ça m'intéresse.

Au regard qu'il m'adressa, je compris que seule l'extrême courtoisie de sa race lui commandait de céder à ma demande, car sa voix prit ensuite le ton du désaveu :

— Il dit qu'il faut savoir invoquer l'Esprit du loup tout autant que celui du caribou lorsqu'on traque le même gibier.

— Il craint les loups?

— Non, pour lui le loup est un concurrent loyal qui lui laisse la meilleure part. Il prétend que celle du loup ne compte que les blessés ou les malades, trop piètre gibier pour un Inuk.

— Est-ce qu'il en tue quelquefois?

— Jamais. Une fois, lorsque j'étais très jeune, il en avait tué trois. Aucun depuis. Par contre il en sculpte souvent.

— Tu sais pourquoi?

— Non, les vieux chasseurs ont des superstitions et n'en parlent jamais. Amaamak porte toujours autour du cou des crocs de loup, il ne faut pas chercher à comprendre.

Sous l'igloo, température et lumière baissaient sensiblement. Afin de ménager le combustible, nous activions la flamme le moins possible, juste pour lui conserver le souffle qui apportait la vie entre les parois de glace. Mais si les yeux peuvent s'habituer à l'obscurité et l'estomac à la faim, le corps, lui, ne supporte pas le froid longtemps et nous étions habillés presque autant que pour l'extérieur.

Le blizzard s'obstinait contre notre abri, espérant encore en venir à bout, mais le dôme de neige de construction millénaire résistait à ses coups les plus rudes.

Amaamak maintenant polissait sa pierre avec un morceau de peau de phoque proprement coupé, chute d'une pièce utilisée pour la confection de bottes. La surface gagnerait encore en douceur, le grain revêtait un brillant que seule la longue usure contre le poil rendrait inaltérable. C'était le travail des enfants au village mais Amaamak le faisait ici, avec acharnement. Inlassablement il astiquait la pierre, le regard fixe, perdu sur les traces du loup.

Ce grand loup blanc blessé jadis, qui, maintenant, savait lui aussi que la tempête allait bientôt finir.

Et attendait ce moment pour se remettre en chasse.

Amaamak ne s'était jamais libéré de l'image des traces ensanglantées après la tuerie, son esprit demeurait obsédé par ce qu'elles comportaient de mauvais présages dans le mystérieux langage des hommes et des bêtes du Grand Nord. Ce jour-là, les loups pouvaient aisément dévorer Kingalik endormi, des chiens affamés l'auraient fait sans vergogne, et pourtant ils l'ignorèrent pour se saisir des caribous morts.

Que le mâle mourût avec le reste de sa famille eût été indifférent au chasseur, mais sa maladresse devenait une offense impardonnable, dont l'esprit de la bête devrait se venger.

Cependant le vieil Inuk sentait en lui une force irrésistible le pousser vers ce loup bien vivant maintenant, il le savait. La même attraction, pensait-il quelquefois, qui conduit les saumons, après un long périple en mer, jusqu'à la rivière où ils sont nés.

Pour y mourir.

Mais il rejetait vite cette idée.

Il devait rencontrer ce loup pour mettre fin à ses mauvais rêves et la sculpture propitiatoire allait lui concilier son esprit.

Jadis, dans les campements, il existait aussi des rivalités entre le meilleur chasseur et *Angatkuq* le chaman. Indélébiles, elles persistaient malgré le temps et se débattaient périodiquement en duels verbaux où la parole et la chanson alternaient, au grand plaisir de la communauté rassemblée. Sûr de sa force, chacun cherchait à humilier l'autre, de la façon la plus digne et souvent si subtile que seuls les antagonistes avaient conscience du coup porté. La ruse, l'intelligence et la courtoisie demeuraient les armes favorites.

Rien de cela avec le loup blanc, car son esprit ne s'identifiait pas à celui pourtant étrange d'un

chaman. Amaamak devait mettre fin à son obsession comme jadis, avant que les Blancs n'imposent
leur justice, on supprimait sans haine et avec
l'accord de tous celui qui nuisait au bien-être
public. Ce loup troublait sa quiétude depuis longtemps, et son esprit puissant l'avait jusqu'à ce jour
éloigné de cette région où une chasse fructueuse lui
semblait dépendre de trop d'éléments inconcilia-
bles. Aujourd'hui, une force nouvelle l'habitait et,
depuis qu'il avait reconnu les traces irrégulières
dans la neige, fataliste, il s'en remettait à ses desseins
secrets.

Peut-être que la chasse au caribou après la
tempête apporterait quelque indice.

Une seule chose lui paraissait certaine : être venu
ici pour retrouver la paix dans son coeur, perdue dans
ces parages mêmes, peu après son arrivée dans le
village d'Igloolik, régi par les Blancs.

Bien qu'il n'associât pas forcément les deux faits,
il s'étonnait toujours que l'esprit d'un loup fût si
puissant pour tourmenter ainsi l'âme d'un Inuk.

L'image paisible de cet homme finissant sa sculpture dans la pénombre de l'igloo masquait la réalité
profonde et tragique où la faim nous creusait le
ventre chaque instant davantage, lentement, sournoisement. Si Amaamak s'en souciait, du moins ne le
montrait-il pas encore, car un Inuk ressent beaucoup
de honte à ne pouvoir nourrir un étranger dans son
igloo, même si la tempête en est cause.

Soudain, un chien se mit à aboyer. Sa voix nous
parvenait à peine réelle dans la tourmente, rassurante
et inquiétante à la fois.

Nous interrogions Amaamak du regard. Il s'approcha du mur de neige. L'animal aboya de nouveau.

— Un chien qui a froid et se dégourdit. Ou peut-être qu'il a entendu marcher un ours!

— Dommage qu'on ne puisse sortir, soupira Kingalik, ça serait bon, un morceau d'ours.

Le chien s'était tu. Amaamak revint s'asseoir près du réchaud et continua de frotter sa sculpture.

— La faim n'a pas l'air de déranger ton grand-père, Kingalik!

— Non, il a connu plus souvent la misère que l'abondance dans sa vie. La faim est une vieille habitude pour lui.

— Les famines étaient fréquentes de son temps!

— Les gens vivaient durement. Dès l'*amautik*, Amaamak a appris à vivre comme un animal.

— Comment ça?

— Il s'est accordé à la nature. Il le répétait assez dans ses chansons:

Je suis comme le phoque et le caribou,
Je voyage avec les saisons,
Comme l'oiseau qui revient au printemps,
Comme les fleurs qui colorent les vallées,
Pendant que la terre boit le soleil.

— Et il ne le chante plus?

— Les choses ont changé heureusement, mais malgré tout Amaamak regrette cette époque. Il dit qu'il a perdu sa liberté au contact des Blancs. Être libre pour lui, c'est dépendre de la nature.

— Il ne vit quand même que de chasse?

— Oui, mais ce n'est plus pareil pour lui, les voyages sont moins longs et il doit toujours revenir au village. C'est surtout le village qui l'ennuie. Il ne se trouve libre et digne qu'avec Ayok et l'attelage dans la toundra. Les tempêtes et la faim ne lui gâcheront jamais son plaisir.

— Lorsqu'il est au village, que fait-il?

— Il visite ses vieux amis. Ils sculptent ensemble et ils parlent de chasse.

— Ils vivent à part, en somme.

— Ils voudraient, mais c'est impossible. Tiens, pour leurs sculptures par exemple, il faut bien qu'ils aillent à «la Bay» ou à la Coopérative pour en vendre. Chaque fois, ils reviennent mécontents car on leur donne peu en échange et les pierres se vendent cher dans le Sud. Sans être allé à Québec, Amaamak le sait. Lorsque des Blancs de passage à Igloolik viennent directement acheter à la maison, ils payent un bon prix. Chaque fois le gérant du magasin menace de ne plus rien lui prendre s'il vend encore directement aux étrangers.

— Il n'y a pas de mal.

— Non, mais certains achètent aussi pour revendre. Amaamak est écoeuré d'un tel commerce pour des pierres qui racontent ses chasses. Il est même allé à la réunion du conseil pour en parler, lui qui n'y va jamais.

— Il n'y a pourtant là que des Inuit?

— Oui, mais il trouve que certains ont des idées de Blancs. L'été dernier, ils avaient accepté de donner des guides à une équipe de prospecteurs et mon grand-père devait en être, mais il a refusé de conduire les Blancs. Et les jeunes qui voulaient le faire ne connaissaient pas assez le pays. C'est dommage, on aurait pu développer le village.

Amaamak par instants nous regardait. Sans comprendre le français, il savait qu'il était question de lui. Puis il approchait sa pierre de la flamme pour mieux l'examiner et à nouveau la peau de phoque glissait sur la stéatite. Cependant sa pensée s'échappait de l'igloo, à la rencontre du loup blanc.

Cette pierre verte qu'il tenait dans ses mains, jamais il ne la vendrait, quand bien même le gérant de « la Bay » donnerait plus en échange. Un geste aussi grave appellerait des conséquences que l'Inuk préférait ne pas imaginer.

Que peut signifier pour un *Qablunaq* la pierre qu'un Inuk façonne à l'adresse d'un animal dont il veut se concilier l'esprit ?

La pierre défie le Blanc et il ne le sait pas.

Amaamak en parlait quelquefois avec Apakaq et Kudlalak, de vieux chasseurs comme lui, habiles à dégager l'âme des pierres. Tous disaient que dans un camp éloigné, il ne faudrait jamais traiter les sculptures de la sorte, les détourner ainsi de leur fonction, mais à Igloolik l'offense devenait pardonnable. Cependant, pour ne pas outrager l'esprit des animaux, ils ne sculptaient qu'en souvenir de bêtes tuées jadis, dont l'âme partie depuis longtemps ne pourrait se formaliser d'habiter dans le Sud. Les chasses auraient été bien mauvaises après un tel irrespect pour les objets de propitiation vendus comme de vulgaires bibelots.

Infatigable, le blizzard déferlait sur l'igloo avec une égale puissance depuis un temps impossible à évaluer sans un long moment de réflexion. Des jours et des jours semblait-il, peut-être plus. Ce décor de matériel épars, de peaux et de neige luisante qu'une pâle lumière animait d'ombres mystérieuses, ce décor qui se voulait rassurant devenait sinistre maintenant que le froid et la faim s'y ajoutaient.

Amaamak arrêta son patient travail de polissage. Estimant, après une minutieuse inspection, que la surface verte brillait d'un éclat semblable en tous points, il grava au-dessous son nom en écriture syllabique, sans ajouter de numéro, comme il devait habituellement le faire. Puis il allongea les bras sur ses jambes croisées, prenant quelque distance avec la sculpture maintenant que, sa tâche accomplie, il s'en remettait au pouvoir de la pierre. Alors s'éleva sous l'igloo un chant puissant contre lequel le blizzard même perdit la face, ne parvenant plus que comme un souffle sous le dôme vibrant de la voix forte et timbrée de l'Inuk.

Les mots compliqués de l'*inuttituut* s'articulaient sur une complainte étonnamment simple et belle, dessinée par une gamme de sons riches d'une incroyable variété de nuances. La mélodie s'estompait par moment, abandonnant les innombrables infixes à la monotonie de la récitation, puis reprenait, différente, et les mots retrouvaient la vie. Le visage de Amaamak restait égal, aucun des climats de sa chanson n'y transparaissait.

Le vieil Inuk ne quittait pas des yeux sa sculpture, qu'il tenait comme un objet sacré, à bout de bras.

Kingalik, qui pourtant l'entendit chanter d'autres fois, manifestait une attention surprenante, au point d'ignorer ma demande de traduction, tout au récit de son grand-père. Sur mon insistance, il m'expliqua rapidement, pour n'en rien perdre, qu'il s'agissait de l'histoire d'un loup étrange dont l'esprit offensé obsédait Amaamak et, comme son propre nom apparaissait dans les paroles, il m'ignora à nouveau.

Rien n'existait plus dans la toundra que ce chant tourmenté qu'un Inuk adressait à l'âme d'un loup, extraite par ses mains d'une pierre informe.

Geste cent fois répété dans la vie du chasseur pour disposer favorablement l'esprit des animaux convoités : chaque phoque, chaque caribou n'était harponné ou tué qu'en fonction de cette conciliation indispensable.

Cette coutume subsistait encore dans les campements isolés, mais à Igloolik les gestes traditionnels prenaient de plus en plus l'allure de manies désuètes. De toute façon, pensait Amaamak, les maisons en bois n'offrent pas l'endroit approprié. Les esprits s'offusqueraient plutôt d'être évoqués dans un environnement étranger à l'Inuk de toujours, où les animaux ne jouissent plus du respect de tous. Alors le vieux chasseur, sans trahir ses traditions, invoquait par la pensée les esprits qu'il matérialisait dans la pierre, jadis, sous l'igloo.

Kingalik ne se souvenait pas de l'avoir vu comme à cet instant et sa surprise grandissait encore à l'écoute de la chanson.

— Amaamak ne parle que de loup blanc, dit-il. Un loup n'a jamais dérangé un Inuk. Mon grand-père vieillit, ses idées deviennent floues dans sa tête.

Pourtant, sa logique n'acceptait pas vraiment cette déduction hâtive, que le souvenir d'images récentes rendait plus invraisemblable encore.

— As-tu remarqué quelque chose d'anormal lorsque nous avons rencontré les loups l'autre jour?

— C'était la première fois que j'en voyais en liberté, ne m'en demande pas trop.

— Pourquoi mon grand-père a-t-il refusé de tirer? murmura-t-il. Et les traces sous la crête, tu te souviens de son expression lorsque nous sommes remontés?

— Il avait l'air embarrassé.

— Oui! C'était des traces de loup blessé, il en parle dans sa chanson. Et de moi aussi.

— Demande-lui de t'expliquer.

— Non, il n'en dira pas plus. Les vieux racontent des histoires où la réalité se mêle à la légende et chacun doit les comprendre ainsi. C'est pour ça que les jeunes n'y font plus attention, ça ne signifie rien pour nous.

Mais Kingalik connaissait la grande fierté de son grand-père, son sens de l'humour comme des traditions. Alors, il avança une autre conclusion, qui répondait mieux à ses incertitudes:

— C'est la première fois que Amaamak chasse et partage son igloo avec un Blanc. Il veut te montrer les coutumes anciennes et t'effrayer. Il sait que les Blancs ont peur des loups.

Ces mêmes images qui embrouillaient Kingalik, sans me paraître plus claires, contenaient au moins l'évidence que Amaamak ne jouait aucune comédie.

La voix de l'Inuk s'était tue, mais sa chanson butait encore contre les murs de neige.

Ses mains et ses yeux s'attardèrent religieusement sur la figurine, puis il la tendit à son petit-fils. Kingalik l'examina avec plus d'étonnement que d'admiration et me la passa, le regard interrogatif. Amaamak nous observait, attentif à nos expressions.

La pierre verte, lisse et pesante, représentait la tête d'un loup jusqu'aux épaules, au cou large et puissant comme celui des chiens de notre attelage. La gueule largement ouverte bridait encore plus les yeux, simplement dessinés avec la pointe du couteau, et rejetait en arrière les courtes oreilles arrondies.

Attitude d'attaque ou de défense.

Pourtant, aucune agressivité ne durcissait les traits du fier animal mais la fermeté s'y lisait, qui témoignait d'une farouche détermination. Celle sans doute de défendre sa vie.

Curieusement, l'envers n'épousait pas la forme massive du crâne, ni la naissance de la crinière, mais une face humaine, bizarre et inquiétante. Des pommettes effacées, des yeux exagérément étirés, des lèvres méprisantes et cruelles composaient cette figure oblongue qui s'élargissait vers le cou. Un nez proéminent renforçait encore l'expression diabolique suffisamment soulignée pourtant par l'envers des oreilles du loup qui formaient au-dessus du front deux petites cornes.

Pas un seul trait qui pût s'appliquer à un visage d'Inuk. Fût-il celui d'un sorcier.

Le profil étonnait plus encore. Dans ce diptyque, la tête du loup inspirait la confiance tandis que la face humaine ne dégageait que fourberie et répulsion. Un visage semblable au masque utilisé jadis par l'*Angatkuq* pour charger les esprits de quelque vilaine besogne. Ou pour effrayer les femmes et les enfants sous l'igloo des danses d'hiver, et qui parfois faisait aussi frissonner les hommes.

Le masque de *Tupilak*, un mauvais esprit de la terre.

Je tournai une fois encore la pierre dans mes mains, égaré dans les pensées les plus absurdes qui n'arrivaient pas à former une image cohérente de l'obsession de Amaamak. Ses yeux perçants ne m'avaient pas quitté tandis que j'examinais son oeuvre. Je la lui rendis avec un hochement admiratif. Il sourit, fixa la face humaine et parla doucement entre ses dents avant de chanter à nouveau, sur un ton monocorde et volontaire.

Dans la mélopée du vieil Inuk, un mot revenait régulièrement : *Qablunat*, les hommes blancs.

6

Kângneq
La faim

J e dormis mal cette nuit-là. La faim me pliait en deux sur la banquette de neige et dans ma tête résonnait encore le chant d'Amaamak. Ses pensées le déchiraient plus cruellement que ne le soupçonnait Kingalik, mais la dignité ancestrale de l'Inuk lui interdisait de n'en laisser paraître autre chose que les subtilités d'une chanson improvisée.

Vers le milieu de la nuit, dans ma somnolence, je perçus les signes de faiblesse du blizzard. Ses assauts maintenant plus espacés perdaient de leur violence tout comme les orages dans le Sud se retirent progressivement. La neige sèche, qui traversait la toundra en sifflant, ralentissait sa course et semblait s'arrêter contre notre abri. Bien que le réchaud éteint depuis longtemps eût laissé l'humidité glacée envahir l'air, je sentis une bouffée de chaleur me parcourir et, pendant cet instant béni, la faim relâcha son emprise.

Amaamak ne s'était pas trompé.

Il reposait à côté de moi, dans le grand lit commun de l'igloo, profondément endormi. Et son esprit goûtait un répit maintenant que, l'acte de conciliation consommé, un fatalisme héréditaire l'enveloppait de la sérénité venue du fond de la longue nuit polaire. Demain, l'homme que la tempête maintenait prisonnier depuis deux jours et trois nuits continuerait sa chasse, comme toute bête qui peuple la toundra en adaptant sa vie aux caprices du vent. Si la nature a quelques complaisances, chacun trouvera son gibier, ou bien devra endurer la faim un jour ou deux encore.

Ou davantage.

Sans jamais perdre espoir.

L'habituel concert de quintes de toux, crachements, raclements de gorge accompagnant le lever de Amaamak prit une importance inaccoutumée alors que le silence étouffait l'extérieur. Comme chaque matin, l'Inuk avait hâte de boire le premier thé de la journée. La réserve de neige étant épuisée, il choisit un endroit propre à la base du mur et détacha quelques morceaux qu'il mit à fondre. Le sommet du dôme ignorait la blancheur immaculée du premier soir, noirci par les fumées dont un petit nuage se plaquait sur la voûte dès qu'un peu de chaleur pouvait l'y maintenir. Une tache plus claire marquait l'endroit où, en quelques coups de couteau, Amaamak dégageait le *qingaq* pour régénérer l'air. Un indescriptible désordre (comme seuls savent en organiser avec si peu de choses les Inuit et les Indiens) s'étalait sur le sol souillé par la présence de trois hommes enfermés depuis soixante heures. Une odeur écoeurante nous imprégnait jusqu'à la peau. Si l'accoutumance en atténuait sensiblement les effets, elle ne parvenait pas à me la rendre indifférente.

Le thé brûlant apaisa quelque peu nos estomacs contractés, mais la fin de la tempête, surtout, ramenait un élan auquel j'espérais que mes forces diminuées voudraient bien répondre.

Nous avions hâte de sortir.

Chacun remit ses vêtements au complet et Amaamak découpa le bloc d'entrée. Il dut encore creuser à travers les masses accumulées pour émerger dans ce désert glacial qui pourtant devait pourvoir à nos urgents besoins.

L'air vif colorait nos visages et nous brûlait la poitrine à mesure qu'il délogeait celui, vicié, de l'igloo. Des nuages de buée blanche s'échappaient, qui dissimulaient les visages enfoncés sous les capuchons pointus, bordés de fourrure à longs poils pour couper le vent. Notre abri, pourtant exigu, semblait avoir rétréci, rentré dans la neige qui n'en laissait plus paraître que le dôme, à hauteur d'épaule. Et moins encore du côté nord. Le traîneau inégalement recouvert ne révélait plus sa forme. Les chiens disparaissaient sous des monticules aux géométries différentes. Bien que tous se soient repliés de la même façon, leur protection dépendait encore des mouvements désordonnés de l'air, capables de les enfouir sous la neige comme de laisser à découvert un morceau de fourrure à peine saupoudrée. Ou de creuser un fossé plaçant l'animal en élévation sur un socle gelé.

En pétrissant la neige, le vent l'avait aussi durcie pour que subsistât la configuration nouvelle. De longues vagues maintenant immobiles traversaient la toundra. Des congères semblables à des épaves se dressaient çà et là, finement érodées en profils sinueux.

Des crevasses s'ouvraient à côté sans que la neige folle pût les combler, manoeuvrée par des forces fantasques et monstrueuses. Pas le moindre endroit qui ne gardât la marque du prodigieux sculpteur des neiges.

Le ciel bleu noir s'éclaircissait d'un lointain soleil pourpre au-delà de l'immensité nébuleuse, promettant pour plus tard quelques heures de clarté. Mais la lumière pour nous renaissait à cet instant, après ce séjour forcé dans l'igloo, et les lueurs du bout de la plaine brillaient comme une gigantesque flamme de vie, ardente et inextinguible. Dans le froid glacial du matin, nous la sentions couler dans nos veines, nouvelle et déjà chargée de tant d'espérances.

Amaamak cherchait à lire dans le ciel. Kingalik fouillait l'horizon incertain. J'aurais voulu deviner quelque présence alentour. Nos préoccupations à présent se rejoignaient, tous trois en proie à la faim tenace qui dévorait nos corps et nous jetait à l'esprit des images torturantes que la volonté même de trouver à manger parvenait mal à chasser. Semblables aux loups, aux renards ou aux ours retenus par la tempête et qui maintenant, dans l'aube bleue, allaient se mettre en route vers les incertitudes de ce pays sans complaisance.

— Dégageons le *kamotiq*, dit Amaamak.

Des pieds et des mains le traîneau fut découvert, puis retourné pour la préparation des patins. Les armes protégées par la toile conservaient l'éclat bleuté de l'acier et Kingalik en vérifia les mécanismes, qui fonctionnaient parfaitement.

— Surtout, ne les touche pas sans gants, dit-il, tu t'arracherais la peau.

Le crissement de nos pas décida les chiens à briser la carapace de leurs abris. Une simple extension et le dôme de neige croûteuse éclatait en larges plaques, laissant la fine poudre du dessus s'incruster dans les poils gardés secs. Les pattes gourdes et pesantes d'inaction soutenaient mal les premiers pas. Comme au sortir d'un cauchemar, les grands huskies s'attardèrent un instant dans une vague contemplation de ce paysage nouveau mais familier. Puis ils s'ébrouèrent énergiquement, comme après une chute dans l'eau glacée du printemps, et redonnèrent à leur corps souplesse et chaleur en s'étirant dans de savants mouvements de pattes et de mâchoire.

Amaamak donna une bourrade amicale à Ayok et, tout en lui parlant, le détacha. L'animal fit le tour de ses compagnons, s'attardant parfois à renifler l'un d'eux, grognant ou urinant sur la fourrure d'un autre pour mieux affirmer son autorité. La faim les rendait querelleurs maintenant que la tempête oubliée lui cédait toute la place. Puis le grand husky au pelage sombre vint près de son maître, l'observant paisiblement tandis qu'il apprêtait le traîneau. L'animal ne demandait aucune nourriture, mais ses espoirs aussi reposaient sur la course qu'il allait devoir conduire.

Kingalik échangea quelques mots avec son grand-père.

— Nous allons sortir le matériel pendant que Amaamak s'occupe des patins, dit-il en disparaissant dans l'igloo.

En peu de temps, l'air sec avait purifié nos vêtements de l'odeur infecte qui subsistait encore dans l'abri. Tandis que j'attrapais les objets à travers l'ouverture, la nausée m'oppressait, amplifiée à la pensée que cet air fétide était demeurée notre source de vie.

Agenouillé le long des madriers, Amaamak raclait le métal avec le dos de son couteau à neige tenu comme une plane. Chaque morceau de glace soudé à l'acier était consciencieusement supprimé et, lorsqu'il étendit l'eau tiède, il ne subsistait pas la plus mince aspérité. Passant à nouveau la lame sur toute la longueur, il vérifia l'égalité de la surface qu'il corrigea en grattant la nouvelle glace et en rajoutant de l'eau : une enveloppe parfaitement uniforme rendrait la course plus rapide sur des neiges différemment tassées.

Bientôt, autour de nous, le matériel épars reconstituait fidèlement le désordre de l'intérieur. Amaamak plaça au fond du coffre une boule de fourrure pour protéger sa sculpture. À part le sens dans lequel on posait le réchaud, peu importait la disposition, mais le fouillis permettait difficilement de rabattre le couvercle.

Avec les sacs de couchage, les peaux roulées et attachées sur les planches transversales amortiraient les chocs. Kingalik glissa les armes sous les lanières.

Les harnais démêlés s'alignaient sur la neige, informes et inertes en attendant de se remplir des grands corps puissants et nerveux des huskies.

L'impatience grandissait parmi les bêtes, pressées de quitter cet endroit par trop inhospitalier. L'agitation allait croissant à mesure qu'elles sentaient le cuir leur ceindre les épaules. L'interminable immobilisation sous la neige se changeait en une fébrilité que les

Inuit calmaient à coups de pied et de fouet tenu par l'envers du manche.

Amaamak détachait un chien à la fois, qu'il guidait par le collier jusqu'à son trait. Calmé pour un moment, l'animal se laissait docilement sangler, poussant parfois un cri bref lorsqu'une patte se repliait un peu trop fermement en passant par la boucle. De lui-même, il replaçait ensuite les courroies sur son épaisse fourrure en se secouant.

L'Inuk les répartissait selon leurs affinités et leurs aptitudes, mais le propre de l'attelage en éventail étant de laisser une grande liberté de mouvement aux chiens, ceux-ci changeaient de place en route. Toutefois, quelle qu'en soit la raison, accident du terrain ou goût personnel, ils ne s'écartaient jamais beaucoup de la position primitive. Seule la longueur du trait permettait au conducteur d'exercer un réel contrôle, les paresseux aux plus courts, tandis que les courageux en avant imposaient l'allure. Il arrivait que l'un d'eux sente juste sur ses talons un animal haï avec lequel il se battait régulièrement et son énergie s'en trouvait décuplée ! L'efficacité d'un attelage dépend de la valeur du chien de tête et de mille autres détails révélés, course après course, au conducteur attentif. Tout autant que leur maître, les huskies connaissent la qualité de leur travail et leur fierté n'est pas moindre.

Les préparatifs avançaient. Les chiens encore sur la chaîne bondissaient en jappant, au comble de l'impatience. À l'excitation de chaque départ, la tempête et la faim ajoutaient une irritabilité peu commune. Un simple frôlement de fourrure retroussait les babines, laissant planer en permanence le risque d'une bagarre générale.

Même les jeunes, d'ordinaire plus craintifs, se montraient hargneux dès que l'autorité de l'homme n'était plus évidente.

— Ils sont méchants lorsqu'ils ont faim, dit Kingalik, on doit les battre fréquemment pour rester leur maître. Puis il ajouta :

— Ne les approche pas de trop près, une odeur différente suffirait à les mettre en furie.

Nos odeurs ne comportaient sans doute guère de nuances, mais je restais à distance, étonné par ces chiens énormes qui rarement se retournent contre les Inuit et demeurent dévoués et fidèles malgré les corrections. Aussi amicaux envers l'homme qu'ils peuvent montrer de haine entre eux quelquefois. Amaamak les aimait et savait également les frapper lorsqu'il le fallait, mais aucun n'avait jamais cherché à s'en venger.

Le vieil Inuk jeta un regard dans l'igloo puis le reboucha. Avec Kingalik nous aménagions nos places sur le traîneau de façon à éviter le vent, quelle que soit sa direction. Amaamak décolla les patins d'un coup de pied à l'avant et, pour les chiens impatients, ce bruit mat remplaça les *Uit! Uit!* habituels. Ils s'élancèrent sans mesurer leur énergie.

Les aboiements cessèrent lorsque chacun eut trouvé sa place et bientôt, tous traits tendus, le traîneau glissait régulièrement en faisant craquer la neige tassée.

Le ciel enveloppait d'un voile sombre l'immensité brumeuse. Même le jour n'en pourrait chasser complètement la grisaille qui confond les horizons et mélange les distances.

Les congères, les creux ou les plats se succédaient sans que la neige offre jamais la même consistance, tantôt si dure que les patins marquaient à peine, si poudreuse l'instant d'après que les chiens s'enfonçaient jusqu'au ventre. Il fallait alors descendre pour soulager le traîneau et marcher avec difficulté, sans raquettes (généralement superflues). Ayok multipliait les zigzags pour éviter cela, sachant bien que ses compagnons affamés supportaient mieux un effort régulier, même prolongé, que les à-coups qui brisent les reins. L'ardeur qu'ils manifestaient pouvait laisser des doutes sur leur dernier repas. Pourtant il remontait à trois jours.

À mesure que nous progressions, des collines se précisaient, parfois sectionnées par d'abruptes falaises elles-mêmes transformées çà et là en gigantesques éboulis sous l'action conjuguée du gel et de l'eau. Le vent esquissait avec la neige et la pierre les silhouettes les plus insolites, amassant des congères dans le prolongement des rochers. Ou à leur place. Ou encore dénudant le roc paré d'une délicate couverture de mousse noire et de fragiles lichens qui s'illuminent l'été d'éclatants coloris.

Sur les longues coulées des moraines, une herbe revêche perçait par petites touffes la couche de neige qui parvenait à subsister. De temps à autre, nous traversions un lac sur lequel le vent prenait assez de force pour balayer de grandes surfaces de glace, les rendant lisses et claires comme une vitre. Les chiens alors s'agrippaient à grand-peine et le traîneau glissait de côté en grinçant.

La clarté bleuâtre du matin drapait de mystère ces grandioses paysages.

Amaamak aimait ces solitudes. Pour leur beauté et pour la force qu'il percevait en lui chaque fois qu'il les parcourait.

Chaque fois qu'il sentait sa vie accrochée à des gestes précis et calculés.

Chaque fois que son chemin dépendait de repères infimes, inexistants pour quelqu'un d'autre.

Sauf peut-être pour Ayok qui connaissait toujours le chemin du retour.

En passant dans une vallée rocailleuse, l'Inuk prit sa carabine et la posa sur ses genoux, scrutant la neige et les rochers.

Kingalik aussi regardait avec attention.

— Caribou? questionnai-je sans trop y croire.

— Non, dit Kingalik, dans ces endroits il y a souvent des lièvres, mais leur pelage aussi blanc que la neige les rend très difficiles à voir.

Les chiens n'avaient pas ralenti et je calculais qu'avec les cahots de la piste les chances de succès restaient minces, même pour un tireur exceptionnel.

Soudain, Amaamak épaula d'un geste vif mais ne tira pas, gardant un instant la position, le doigt sur la détente. Puis il reposa son arme et articula quelques paroles.

J'interrogeai Kingalik.

— Amaamak dit qu'il a vu un lièvre assez malin pour se cacher avant le coup de feu.

— Comment fait-il pour repérer un lièvre blanc dans la neige?

Kingalik traduisit.

Amaamak eut un sourire malicieux.

— C'est facile, dit-il, le lièvre est blanc mais le bout de ses oreilles reste noir, il suffit de viser entre les points noirs, juste un peu plus bas... Mais on n'en a pas toujours le temps, ajouta-t-il, feignant d'ignorer l'importance de son habileté dans une situation que la faim rendait tragique.

La faim, et par là même le froid, plus pénétrant à cause de notre moindre résistance.

— S'il y a des lièvres, pourquoi ne pas s'arrêter, Kingalik?

— Ce serait du temps perdu pour un si petit gibier.

— Quand on a faim, même un petit gibier!

— Les chasseurs comme mon grand-père tuent rarement des lièvres, ils disent que c'est un gibier pour les femmes.

— Ce sont les femmes qui les chassent?

— Avant, oui, elles les attrapaient avec des collets.

Amaamak avait posé sa carabine et repris son monologue à l'adresse des chiens. Il était assis de côté sur la caisse, la tête orientée vers l'avant, juste assez pour voir en n'offrant qu'un demi-profil au vent coupant.

Kingalik et moi tournions le dos à l'attelage, engoncés dans nos parkas. Mon passe-montagne sous le capuchon n'offrait plus une protection suffisante. Autour de la bouche, la laine gelée formait un cercle de glace que chaque nouvelle exhalation venait consolider, et ce contact râpeux irritait de plus en plus la peau glacée. Les tempes et le front m'élançaient, comme pris dans un étau circulaire serré par le froid et la faim. Par moments, le traîneau semblait chavirer et un vertige me dissimulait Amaamak juste devant. Une secousse plus forte, un frisson qui glace le dos redonnaient tout d'un coup conscience de la situation. De notre isolement. Du courage des chiens avançant sans relâche. Du stoïcisme de mes compagnons. De la faim surtout.

La faim.

La faim vrillait l'estomac et soulevait le coeur d'une insupportable nausée, rendant la gorge sèche et la bouche pâteuse. Sans une goutte de salive à déglutir.

Kingalik, le capuchon sur la figure, les mains enfouies sous les aisselles, se retenait avec ses pieds passés dans les lanières de manière à pouvoir somnoler sans trop risquer la culbute. Chaque secousse du *kamotiq* l'agitait comme un poids mort.

Seul Amaamak paraissait encore vivant. Le visage grimaçant, il veillait tel un marin sur le pont de son navire à la dérive. Son regard portait aussi loin que le permettait la pâleur du jour, s'appuyant sur des points d'orientation retrouvés, la découpe particulière d'une falaise, la disposition d'un ravin, le dos rocailleux d'une colline. Détails entrevus par un temps clair et à jamais gravés dans sa mémoire depuis. Autant de précieux indices qui, confrontés à la carte des vents imprimée dans la neige, donneront à coup sûr la bonne route.

— Et puis il y a *Ndartsik*, m'avait-il expliqué. Aussi fidèle que le vent, elle brille sur le Dos de la Terre durant la nuit polaire, jusqu'au retour de

Seqineq qui redevient le guide pendant l'été où sa lumière ne s'éteint plus.

Nous avancions maintenant sur une rivière gelée bordée de hautes rives. La neige assez consistante permettait aux chiens de soutenir un bon train et le *kamotiq* glissait avec un bruit mat sur le double rail de ses empreintes. Après les passages cahotiques, la tranquillité de cette vallée sinueuse m'imprégnait d'une sensation bienfaisante et rapidement je sombrai dans l'inconscience du sommeil.

L'arrêt me réveilla. Les chiens mordaient la neige à pleine gueule et se couchaient lourdement. La rivière déroulait ses méandres figés. Des blocs erratiques en jalonnaient les rives et l'un de ces gros rochers rougeâtres inégalement enneigés se dressait là, nous protégeant du vent.

— *Tîliorpoq!* me dit Amaamak, *tîliorpoq! Tî! Tî!*
Le moment de faire du thé.

Kingalik ne s'était pas réveillé, il fallut le secouer violemment. Tandis que le réchaud prenait à la neige son maigre volume d'eau, nous marchions et courions pour redonner un peu de chaleur à nos corps transis. Mais le froid vint à bout de nos ressources avant que la vie ne circule à nouveau à chaque extrémité. On retira les moufles pour dégeler nos doigts à même la tasse brûlante. Le thé, boisson miracle de l'Arctique, pourrait nous réchauffer et apaiser un instant nos estomacs.

Amaamak rajouta moult morceaux de neige dans la bouilloire et chacun but à satiété, accroupi au pied de la masse rocheuse.

Kingalik sortait enfin de sa torpeur :

— Penses-tu que les caribous sont loin, Amaamak?

— Non, pas très loin, répondit le vieux chasseur, mais nous n'allons pas dans leur direction.

— Pourquoi?

— Nous avons faim et *Tuktu* est imprévisible, c'est trop de risques avec un *Qablunaq*. Apakaq a tué un ours pas loin d'ici, il y a quelque temps. Il en reste une partie dans une cache, on l'atteindra avant les caribous.

— Nous voilà sauvés, dit Kingalik en me donnant une bourrade, on n'aura pas à manger de chiens!

— À quelle distance est la cache? m'inquiétai-je.

— À combien de temps, plutôt, reprit Kingalik, l'attelage commence à forcer.

Il questionna son grand-père en *inuttituut.*

— Nous dormirons le ventre plein ce soir, répondit simplement le vieil Inuk.

Nous avions hâte de reprendre la piste, mais il fallait démêler les traits des chiens.

Impossible d'aider Amaamak, les bêtes affamées et fatiguées ne toléreraient aucune approche étrangère. Nous pouvions seulement libérer les attaches à l'avant du traîneau. Le trait comporte à son extrémité un morceau d'os qui assure une fixation sûre, exempte de noeuds impossibles à défaire dans le froid lorsque la glace soude les traits à la base.

Amaamak s'activait parmi les chiens irrités. Quelquefois, un mouvement forcé appelait de sourds grognements que des coups rentraient dans la gorge. Il fallait à tout prix éviter une bagarre qui eût épuisé leurs dernières énergies. L'Inuk négligea quelques noeuds et les huskies reprirent leur effort, prêts à peiner jusqu'à l'extrême limite. De la faim ou de l'épuisement.

— *Uit! Uit! Uit!* Ayok, Yooka, Naatok! *Uit! Uit!*

Le fouet claquait au-dessus des têtes, au terme d'un vaste mouvement ondulatoire. Encouragement de l'homme où les bêtes devinaient l'impatience de trouver à manger. L'énervement de tout à l'heure ne paraissait plus, chacun maintenant tendait son trait avec conscience, raidissant fièrement sa grosse queue empanachée.

Notre chemin suivait toujours le lit de la rivière, dont les bords s'élevaient à hauteur d'homme. Des congères s'érigeaient en travers, qu'il fallait franchir sans autre possibilité. Si les chiens escaladaient une neige assez dure pour retenir leurs griffes, le traîneau ne passait pas aussi aisément. Nous devions pousser les longs patins qui se dressaient un instant sur la crête, défiant le ciel avant de basculer lourdement sur l'autre versant. Après quelques passages, la moiteur s'infiltra sous nos habits, délogeant le froid tout en lui préparant un terrain plus propice, de dangereuse nature. Les parkas bien aérés des Inuit permettent à la transpiration de disparaître avant d'être glacée, mais mon équipement ignorait ce détail essentiel.

— Nous allons sortir de la rivière, dit Amaamak, désignant du bras un affaissement de la berge.

— Rarara! Rarara! Aah! Et les chiens s'arrêtèrent face à la paroi neigeuse, haute de plus d'un mètre cinquante.

Amaamak grimpa au-dessus.

— Hao! Hao! Ayok! *Uit! Uit!*

Le chien de tête s'élança. Les autres suivirent mais plusieurs échouèrent au premier essai, tombant à la renverse parmi les traits et leurs compagnons empêtrés. Ils se remettaient sur pattes aussitôt et, d'un bond nerveux, replantaient leurs griffes dans la neige croûteuse pour se hisser d'une incroyable poussée des pattes arrière.

Enfin regroupés sur l'obstacle, ils tiraient maintenant tels des forcenés, à grand renfort d'aboiements. L'avant du traîneau piqué dans le mur faisait échec à leurs efforts et les traits cisaillaient en vain la bordure glacée.

Amaamak les fit reculer.

— Redressons le traîneau, dit Kingalik, chacun d'un côté.

Plusieurs pauses furent nécessaires avant que la traîne ne s'élève comme une imposante échelle vers le ciel gris. Notre souffle saccadé s'échappait en volumineuses bouffées blanches.

Le tiers du *kamotiq* environ dépassait le dessus de la rive.

— Amaamak va commander aux chiens de tirer pendant que nous soulèverons l'arrière, dit Kingalik. Tu es prêt?

— O.K.

— *Taîma!* cria-t-il à son grand-père.

— Hô! *Qingmît! Uit! Uit! Uit!*

Les bêtes arc-boutées s'agrippaient de toutes leurs forces à la neige. Nous accordions notre effort au leur et bientôt la masse commença à basculer. Alors, le vieil Inuk hurla un cri qui fut reçu comme un formidable coup de fouet, et les puissants huskies arrachèrent le traîneau du lit de la rivière.

Ce violent exercice nous couvrit de sueur. Nos forces minées restaient insuffisantes pour nous monter sur la berge. Assis dans l'attente que le malaise se dissipe, le coeur battant fort et les bras lourds, comme sans muscles, nous étions épuisés. Il fallut pourtant se ressaisir et marcher pour enlever au vent une trop belle occasion de transir jusqu'aux os nos corps en transpiration. À grand-peine nous vînmes à bout de ce mur où rien n'offrait plus de prise après le labourage des chiens et du traîneau. Amaamak attendit que chacun fût installé pour lancer l'attelage.

À mesure que l'horizon se rapprochait, l'Inuk détaillait le profil blanchâtre des collines écrasées de rocailles, scrutant le ciel pour localiser le soleil à travers les masses opaques des nuages qui assombrissaient le pays. Il criait des ordres à Ayok et le vaillant animal changeait brusquement de direction, puis lançait un regard rapide en arrière pour demander l'approbation de sa manoeuvre. Tout l'attelage lui emboîtait le pas avec confiance et soumission.

Au milieu des vallées, sur les hauteurs, au bord de lacs insoupçonnés, je croyais parfois reconnaître une configuration familière, mais jamais nous ne rencontrâmes nos traces dans ces contrées sans ombres, pareilles et différentes.

Amaamak à présent se tenait debout, calé contre la caisse, le regard pareil à celui d'un lynx à l'affût. Soudain il tendit le bras en hurlant :

— *Qingneq! Qingneq!*

— La cache ! La cache ! reprit Kingalik, Amaamak a trouvé la cache à viande !

Les chiens savaient aussi ce que ce cri signifiait. Ils s'élancèrent dans un galop forcené impossible à ralentir, oubliant dans leur frénésie le traîneau qui décollait sur les bosses pour retomber durement en craquant.

Une énergie nouvelle nous habitait, qui effaçait soudain nos douleurs. Un fluide merveilleux parcourait nos corps et, cramponnés de toutes nos forces aux courroies, nous nous mîmes à hurler des encouragements aux chiens surexcités.

La cache était au bout de la course, amas de pierres soigneusement empilées.

Les huskies pantelants se couchèrent à proximité, tendus et attentifs.

La construction rectangulaire, bâtie de gros blocs réguliers, s'élevait à la tête d'un chien. Sur le dessus, de larges pierres plates s'encastraient pour former une couverture égale. Bien exposée au vent, la cache était libre de neige, seul un côté retenait une congère insignifiante.

Fébrilement, Kingalik souleva un premier bloc. Amaamak l'aida à le retirer. Puis il ôta quelques pierres placées en soutien. Alors la viande apparut, rosâtre et dure comme le roc qui la recouvrait.

— *Nanook!* murmura Amaamak. Nous voilà riches.

Un frisson me parcourut, étranger à la température glaciale, né plutôt d'une euphorie subite et réprimée. De la surprise, malgré ma confiance, de voir là, en plein désert, parmi des pierres entassées, de quoi manger jusqu'à satiété.

J'aurais voulu dire quelque chose à Amaamak, mais l'instant ne semblait pas le troubler. L'habitude de la faim lui épargnait ces émotions.

Le dessus retiré livra à nos regards avides plusieurs quartiers imbriqués et soudés par le gel. Avec la hache, Amaamak en dégagea un qu'il jeta sur la neige. À cet instant tous les chiens se levèrent d'un seul élan, les oreilles pointées, les yeux démesurément agrandis, comme ceux de *Ookpik* guettant un lemming. Aux cris des Inuit, ils se figèrent, poussant des plaintes étouffées. Fascinés par la viande.

Mes compagnons échangèrent quelques mots, les premiers depuis la découverte de la cache.

— Préparons le réchaud, me dit Kingalik, on va faire fondre de la neige. Installons-le à l'abri des pierres.

Amaamak, lui, découpait la viande à grands coups de hache. L'acier pénétrait avec un bruit sec en projetant des copeaux rosés durs comme des éclats de bois. Les chiens fixaient cette entaille grandissante. Ils mesuraient sa profondeur avec une impatience étonnamment contenue, prélude à la curée toute proche qu'ils anticipaient en se passant délicatement la langue sur les babines. Dégustant par avance la providentielle viande d'ours.

Amaamak partagea cette première tranche en petits morceaux aussitôt jetés dans la casserole.

Les chiens pétrifiés gémissaient de plus en plus fort.

Une seconde entaille détacha une tranche plus épaisse qu'Amaamak divisa également. Lorsqu'il se baissa pour ramasser les morceaux, onze bêtes au bout d'une exaspération trop longtemps refrénée se ruèrent sauvagement. L'Inuk, désormais impuissant à les retenir, leur lança à la gueule la viande convoitée, en s'écartant prestement des morceaux restés à ses pieds.

Il s'ensuivit une épouvantable mêlée confondant les fourrures, les grognements, les hurlements. Chaque animal affolé saisissait de sa mâchoire redoutable soit la viande, soit les chairs d'un autre, prêt comme lui à laisser sa vie pour un morceau d'ours. Ayok y perdit ses privilèges de chef, lancé dans la bagarre sans autre autorité que la puissance de ses crocs, plus aiguisés peut-être que ceux des autres chiens. Amaamak, qui connaissait l'issue de la patiente attente des huskies, avait découpé beaucoup de morceaux pour éviter que la bataille fût mortelle. Chacun se calma lorsqu'il eut avalé plusieurs portions. Mais la faim d'un chien de traîneau ne s'apaise pas aussi vite et les bêtes attendaient une autre distribution, dressées dans un lacis compliqué de traits et de harnais.

Certaines portaient sur leur fourrure le prix ensanglanté de ce premier repas depuis quatre jours.

Une légère fumée, aussitôt happée par le froid, s'échappait de l'eau trouble sur laquelle flottaient de petits ronds graisseux.

— Il vaut mieux faire bouillir la viande d'ours, m'expliqua Kingalik, ça l'attendrit, et puis elle renferme des vers quand elle est fraîche.

— Tu sais, rendus à ce point, dure ou pas, avec ou sans vers !

L'image des chiens livrés comme nous au supplice de l'attente me fit craindre un instant un dénouement

KÂNGNEQ - *LA FAIM*

terrible. Pourtant mes compagnons, accroupis autour du réchaud, attendaient patiemment que l'eau bouille.

Incroyable vision dans ces solitudes glacées. Réalité ou mirage que la douleur empêchait de discerner. Et ce tas de pierres dans la neige recouvrant encore de la viande. Point minuscule dans l'immensité blanche et désolée.

— Kingalik, comment Amaamak a-t-il trouvé la cache ?

— Amaamak connaît le pays.

— Oui, bien sûr, mais quelques cailloux empilés sans aucun repère, dans une région si vaste !

— Amaamak venait quelquefois à la chasse par ici et, dans les temps anciens, ce n'était pas une cache à viande mais un *udlasauti*, une trappe à renard. Un côté restait ouvert, avec une grosse pierre plate fixée dans des rainures juste au-dessus. On mettait un morceau de viande au fond, attaché à une lanière reliée à la pierre en équilibre et, lorsque *Teriganniaq* pénétrait et tirait sur l'appât, la pierre refermait l'entrée et l'emprisonnait. Cette trappe plutôt grande attrapait aussi les loups, parfois. Tous les vieux chasseurs du village la connaissaient, mais comme maintenant nous prenons les renards avec des pièges, la trappe sert de cache quand un gibier trop gros doit être entreposé à l'abri des bêtes sauvages.

Puis il ajouta, sans marquer plus d'étonnement :

— Amaamak s'est souvenu qu'Apakaq avait tué un ours dans les parages, la viande ne pouvait être qu'ici.

— Il aurait pu l'emporter en entier !

— Non, c'est trop lourd pour son attelage si loin du village, et puis les vieux aiment utiliser ces choses du passé.

L'eau bouillonnait maintenant, la viande s'agitait en surface, libérant de ce bouilli d'ours un fumet que le froid escamotait en partie. Des souvenirs de pot-au-feu s'y accrochaient, les seules images peut-être que m'épargnèrent les hallucinations gastronomiques de ces derniers jours.

De la pointe du couteau, Amaamak piqua un premier morceau, le prit entre ses dents et le sectionna d'un rapide coup de lame au ras des lèvres. Puis il l'avala pratiquement sans aucune mastication. Son sourire satisfait annonçait le début du festin. Chacun alors plongea nerveusement son couteau dans la viande qui se dérobait. Des morceaux tombèrent sur la neige, plus faciles à saisir et que nous mangions selon la méthode d'Amaamak, la mieux adaptée aux circonstances. Les Inuit maniaient avec dextérité la lame tranchante tout près de leur bouche et engloutissaient d'énormes cubes de viande. Le bouillon gras et brûlant détendait nos estomacs que cet afflux de nourriture risquait de perturber d'un nouveau mal. Nous plongions nos tasses dans la casserole en écartant la viande flottante qui s'auréolait par endroits d'un pourtour de graisse jaune. On n'entendait que les claquements de langues, les chuintements des lèvres sur les tasses, dominés par des rots puissants, proportionnés, comme le veut la coutume inuit, au plaisir que procure le repas. Le jus dégoulinait sur le menton de mes compagnons, qui se délectaient de cette viande d'ours particulièrement nourrissante mais dont le goût m'échappait, tant me pressait le souci de faire taire ma faim.

Rien en ce moment n'avait plus d'importance que cette casserole où fumait la viande d'un animal tué par un chasseur plus chanceux. Le hasard ou la conjonction de gestes ancestraux avait voulu qu'il ne l'emportât pas en entier, et la fierté habiterait cet homme lorsqu'il saurait que son gibier, premier repas depuis trois jours, nous avait permis de continuer notre chasse. Son visage trahirait une immense joie et peut-être de vieux souvenirs lui rediraient le temps où ses caches bien remplies éloignaient la famine.

Quand le fond de la casserole apparut, vide de viande et de bouillon, seulement recouvert d'une pellicule graisseuse, nous restâmes un moment encore accroupis et silencieux, lourds de cette nourriture avalée goulûment. Une sensation oubliée, longtemps entrevue comme une folle espérance, nous baignait d'une satisfaction animale paralysant nos muscles et nos pensées. Mais la nausée vint rapidement troubler cette béatitude, car l'estomac torturé reprenait mal ses fonctions et de nouvelles douleurs le contractaient, qui chassèrent en dehors la nourriture tant désirée. Amaamak me donna une tasse de thé, profondément navré mais pas du tout étonné que ce régime convienne mal à la nature d'un *Qablunaq*.

Les chiens repus s'abandonnaient à leur bien-être, couchés dans la neige. Le désir profond de chacun, homme ou bête, était de rester là, de s'abriter du froid et de dormir longtemps, mais la chasse nous rappelait à l'ordre. Les Inuit parlaient entre eux, montrant du bras quelque vague repère.

— Amaamak dit qu'il faut partir, me rapporta Kingalik. Le détour pour trouver la cache nous a éloignés des caribous, on doit s'en rapprocher au plus tôt.

— On pense les atteindre ce soir ?

— Ça dépend des chiens, mais de toute façon je ne crois pas, on s'est trop écarté.

Amaamak avait sorti un autre quartier d'ours de la cache. Bien qu'énorme, il ne représentait guère plus d'un jour de nourriture pour nous et les chiens. Puis les lourdes pierres plates furent replacées, les Inuit veillant à bien colmater avec des cailloux les interstices trop importants susceptibles de laisser prise à l'audace du carcajou.

Les chiens n'étaient pas pressés de repartir. Sans les claquements du fouet, les *Hak! Hak!*, les *Uit! Uit!* n'auraient pas réussi à les faire lever. Ils attendaient de percevoir dans la voix le ton d'impatience précédant immédiatement les coups pour se redresser. Alors ils s'étiraient avec une lenteur calculée, en cherchant le peu de forces que la fatigue et la digestion leur laissaient.

Nos traces de l'aller déterminèrent un moment la direction, puis, avant la rivière, elles disparurent dans la grisaille tandis qu'Ayok prenait résolument à gauche, sur un ordre d'Amaamak. Jusqu'aux limites floues de l'horizon s'étalait un paysage grandiose et austère, plates collines hérissées de rochers, vallées comblées de neige, lacs glacés, lisses et brillants. Dans les plaines sans fin, le vent dessinait les formes les plus inattendues sur la surface crayeuse marquée de *qimudjit*, ces stries régulières qui trahissent sa direction et donnent de précieux indices au voyageur averti. Les chiens trottaient pesamment, le ventre gonflé. Amaamak les encourageait à grands cris, cinglant parfois de son long fouet le flanc d'un animal qui se cabrait en hurlant. Seule façon de redonner un peu d'énergie à l'attelage.

Néanmoins, notre allure décroissait rapidement. Bientôt la moindre montée rebutait les huskies au souffle court et à la queue basse. Chaque passage dans la neige poudreuse leur fournissait l'occasion de se désaltérer à pleine gueule. Après plusieurs heures de cette marche forcée, certains même gardaient péniblement les yeux ouverts. Ils allaient comme des somnambules, butant et trébuchant au point quelquefois d'en perdre l'équilibre et de se rouler parmi les pattes de leurs compagnons trop fatigués pour en tirer avantage.

Nous-mêmes, sur le traîneau, nous sentions lourds et las, et, sans les côtes où il fallait descendre, nous nous serions endormis. Seul Amaamak poursuivait inlassablement son monologue, d'une voix durcie pour plus d'efficacité. Bientôt il décida d'arrêter. Comme une seule masse, toutes les bêtes s'affalèrent dans leurs harnais et rien, je crois, n'aurait pu les contraindre à repartir.

Une pente légère à la neige profonde retiendrait l'igloo. Déjà les couteaux à neige crissaient en découpant les blocs. L'expérience des jours précédents me permettait d'aider mes compagnons sans déranger leurs habitudes, décharger le matériel, secouer les peaux, démêler la chaîne pour les chiens. Eux aussi s'habituaient à ma présence, moins méfiants depuis qu'ils ne décelaient plus dans mon odeur autant de signes différents et inconnus. Ils demeuraient cependant sur une garde prudente et lorsqu'un jeune se laissait caresser, Ayok, maître absolu de l'attelage, se tenait à proximité. Plus pour parer à quelque mauvais geste de l'homme que par jalousie, car les chiens de traîneau reçoivent toujours plus de coups que de caresses.

Avant de pénétrer dans l'igloo, Amaamak découpa assez de viande d'ours pour remplir deux fois la casserole, puis il rentra le tout. À l'intérieur le désordre habituel se reconstitua en un instant, mais de plus en plus m'apparaissait la logique de ce curieux rangement. Chaque chose sur le plancher de neige retrouvait sa place de la veille, les harnais et le morceau d'ours à gauche de l'entrée, le bloc de neige pour l'eau à côté, la viande coupée et les ustensiles près du réchaud, les bottes qui sèchent au-dessus, enfilées sur les couteaux fichés dans la paroi. Sur la banquette, les peaux étendues, les sacs de couchage ouverts pour que la chaleur montante les dégèle.

— Le campement sera plus agréable ce soir, dit Kingalik, humant cette senteur de viande sauvage qui s'exhalait du ragoût.

— Oui, Amaamak veut nous faire oublier les mauvais moments, répondis-je en montrant le tas préparé pour la seconde cuisson.

— C'est déjà loin! Demain on chassera.

Nous mangeâmes comme le matin, sans plus de cérémonie. Chacun piquait un morceau avec son couteau et coupait au ras des lèvres cette viande fibreuse. Les bruits de bouche et les rots généreusement exprimés donnaient à ce repas, dans l'espace réduit de l'igloo, l'ampleur d'un festin gargantuesque. Amaamak me regardait manger, et la satisfaction se lisait sur son visage, de voir le *Qablunaq* faire honneur à sa nourriture. La fierté aussi. L'étranger saurait qu'un Inuk n'est jamais à court de ressources, même dans les pires moments.

— Sais-tu, Kingalik, comment Apakaq a tué cet ours ?

— Il a dû lâcher quelques chiens à sa poursuite et le tirer une fois rendu aux abois.

— Les chiens sont entraînés pour ça, comme pour la chasse au phoque ?

— Pas spécialement. Ils haïssent l'ours. Dès qu'ils le sentent ou l'aperçoivent, ils deviennent enragés, alors le chasseur en libère quelques-uns qui se lancent sur ses traces. Certains ont des cris spéciaux pour exciter encore plus les chiens.

— Ils n'ont aucune chance contre un ours ?

— Aucune. Dès qu'ils le rattrapent, ils le harcèlent de tous côtés pour l'empêcher de fuir en attendant que le chasseur arrive. Ça dure longtemps parfois, car les ours sont toujours dans des endroits très accidentés et le traîneau n'avance pas vite.

— Et les chiens peuvent le retenir longtemps ?

— Pas toujours, l'ours est très fort, d'un coup de patte il éventre un chien. Il les lance facilement à dix mètres ou les fait tournoyer lorsqu'il peut saisir un trait. Sa grosseur ne l'empêche pas de bondir aussi vite et aussi loin qu'un husky.

— Et en motoneige, comment fait-on ?

— C'est plus difficile et très long. Il faut le pister à pied dans le pack. On le perd souvent. On peut marcher des heures, des jours à sa poursuite. Quelquefois on se trouve face à lui sans s'y attendre, c'est très dangereux, même avec une bonne arme. C'est une bête redoutable, les histoires à son sujet font frissonner les enfants et les chasseurs n'osent jamais en rire. Les Anciens lui vouent un profond respect. *Nanook* reste le seul animal qu'ils ne sont jamais sûrs de vaincre.

— Est-ce que ton grand-père chasse l'ours?

— Plus maintenant, il est trop vieux, mais il en a tué beaucoup. Il porte encore dans le dos les marques d'une blessure, du temps où il chassait sans fusil.

— Sans fusil? Au harpon?

— Non, au couteau. Il va te raconter.

À la demande de Kingalik, le visage d'Amaamak s'illumina. Parler de ses chasses au couteau alors que, de nos jours, des Blancs achètent pour des sommes énormes l'autorisation de tirer sur un ours! Avec des armes tellement perfectionnées que l'animal n'a aucune chance. Plusieurs de ces Blancs, d'ailleurs, lui ont proposé beaucoup d'argent pour ses droits inuit sur l'ours, lui qui ne le chasse plus. Mais Amaamak a refusé de se faire complice de ces massacres.

Après un long silence, l'Inuk parla. Kingalik traduisait à mesure:

— Tous les Inuit connaissent l'intelligence de *Nanook*. Ils lui ont emprunté l'idée de la maison de neige et chassent le phoque de la même façon. Pendant de longues heures au-dessus de l'*agloo*, l'un l'attend pour le harponner, l'autre pour l'agripper d'une patte redoutable et le hisser à la surface avec tant de force que les os en cassent. Sur la banquise brillante du printemps, la méthode d'approche aussi est identique. Pendant que *Nassik* somnole, l'ours rampe vers lui, s'immobilisant au moindre regard du phoque, en prenant soin de poser une patte sur son nez noir, le seul point qui pourrait le trahir sur la neige immaculée. Comme l'Inuk, il sait arriver assez près et se placer entre sa proie et le trou d'eau pour bondir et le maîtriser. Il sait pêcher l'omble qui remonte les rivières en bancs serrés au moment du frai, attraper *Siksik* caché dans son terrier. Il possède assez d'audace pour forcer une cache à viande, ou tuer en silence près des camps, les chiens endormis. Ou encore surprendre le chasseur sans méfiance à l'affût près d'un *agloo*.

La voix de l'Inuk se radoucit, mais Kingalik consciencieusement traduisait sans marquer de nuances :

— *Nanook* aime ses petits autant que l'Inuk, ses enfants. Il les porte sur son dos quand ils sont fatigués et la femelle pleure si on les lui enlève. Il leur apprend à chasser comme l'ont fait nos pères. Sa ruse, son endurance, sa force et sa souplesse font l'admiration des chasseurs.

Amaamak prit un temps, laissa son regard se perdre dans la flamme avant de poursuivre :

— Jadis un Inuk prouvait son courage en l'attaquant avec son seul couteau. Pendant que les chiens l'agaçaient, il étudiait l'animal pour savoir si sa patte la plus leste était bien la gauche, comme d'habitude. Alors il s'approchait, son couteau à la main, et profitait d'un mouvement de *Nanook* pour le poignarder.

Si le coup n'atteignait pas le coeur, il restait à l'homme bien peu de chances d'échapper aux griffes de la bête, et la légende oubliait son nom pour ne glorifier que ceux qui réussissaient. Aujourd'hui encore les vieux chasseurs s'en souviennent. En ce temps-là, celui qui possédait plusieurs peaux d'ours avait un trésor. *Nanook* est un grand solitaire et ses griffes faisaient des amulettes pour garder nos femmes fidèles pendant nos absences.

— Maintenant aussi une peau d'ours vaut très cher, enchaîna Kingalik, mais nous n'en tuons pas souvent.

Puis il parla en *inuttituut* et son grand-père, comme lui-même, éclata d'un rire tonitruant qui s'acheva dans une quinte de toux.

Haletant, Kingalik m'expliqua :

— Amaamak dit qu'un jour il poursuivait depuis des heures un ours blanc sur la banquise, il avait détaché quelques chiens et lui aussi courait derrière car le traîneau n'avançait pas assez vite dans les glaces. Il rejoignit enfin *Nanook* acculé près d'une falaise, luttant contre les chiens qui essayaient de lui mordre les jarrets. Rapide et moins essoufflé qu'eux, il savait parer les attaques. L'un déjà gisait inerte, une épaule arrachée, lancé en l'air d'un coup de patte comme on se débarrasse d'un moustique. Les huskies s'acharnaient, au risque de périr tous les uns après les autres sans autre résultat que de mettre l'ours en colère. Voyant cela, Amaamak saisit la première occasion pour porter un coup mortel à *Nanook*, sans attendre qu'il montre des signes de faiblesse. Pendant l'écorchage, les chiens fascinés par la chair fumante formaient un cercle dans l'espoir d'une juste curée. Amaamak, pressé par le froid, éloignait à coups de pied les plus hardis, mais lorsqu'il ouvrit la carcasse, les bêtes bondirent et lui arrachèrent des mains les entrailles, avant qu'il puisse prélever le foie. En un éclair deux chiens l'avaient dévoré.

Kingalik lançait par moments un regard à son grand-père attentif, comme s'il comprenait le français.

— Aucun Inuk n'ignore le terrible pouvoir du foie d'ours blanc, qui peut tuer l'homme qui le mange. Néanmoins les chiens ne furent pas malades, mais leur poil tomba par larges plaques et la belle fourrure ressembla vite à une vieille peau de caribou tué en été. Ils en étaient honteux devant les autres et tous les gens du village se moquaient d'eux.

Le vieil Inuk guettait ma réaction. À la fin du récit, il éclata d'un gros rire qui résonna longtemps entre les murs de l'igloo.

Au moment de s'allonger sur le *illiq*, un contentement bestial nous envahit, la lourdeur de nos estomacs assouvis reléguait au rang de mauvais rêves les souffrances de la nuit précédente.

— Demain nous mangerons peut-être du caribou! marmonna Amaamak.

Avant d'étouffer la flamme, il prit sa sculpture. À gestes mesurés, il l'approcha de la lumière, fixant tantôt la face du loup, tantôt le masque tragique. Des reflets jaunâtres se déplaçaient de l'un à l'autre. La pierre se creusait d'ombres fugaces qui accentuaient encore son expression mystérieuse et le visage d'Amaamak, hilare l'instant d'avant, s'absorbait maintenant dans une grave méditation.

7

Omayorsioreaq
La chasse

Le départ fut avancé ce matin-là. Amaamak voulait trouver les caribous avant que la faible lumière du jour ne parvienne à son apogée.

— La journée sera belle, aussi claire que le permet *Ukioq*, dit-il après avoir longuement examiné le ciel et écouté le vent.

C'est-à-dire que pendant quatre heures, l'horizon moins gris, presque blanc, reculerait un peu plus que les autres jours. Le reste du temps, la pénombre confondrait les distances, mais grâce à la neige, la noirceur nous laisserait du répit. Les préparatifs habituels se firent dans l'obscurité d'un ciel bleu noir troué de milliers d'étoiles qu'un soleil incertain pâlirait lentement.

Les chiens reposés et rassasiés débordaient d'énergie. Sauf un, dont le cou et les épaules étaient maculés de sang. Son oreille droite pendait, à moitié arrachée. Sa fourrure ébouriffée retenait en chapelet des boulettes de glace prises dans les poils. Un autre par contre se promenait librement. Amaamak l'attrapa et lui donna une rossée.

— Il s'est détaché dans la nuit, dit Kingalik, il en a profité pour se battre. Sans doute une vieille querelle.

— L'autre a l'oreille déchirée !

— Ce n'est pas grave, ils se prennent souvent aux oreilles ou aux pattes. Au moins ça ne l'empêchera pas de courir.

Amaamak examina le blessé puis lui passa son harnais avec précaution. L'animal poussa un cri lorsque sa tête s'engagea dans la courroie, bien que l'Inuk protégeât de sa main l'oreille abîmée.

— C'est un bon chien, dit-il, pourtant je dois l'atteler en arrière, il ne s'est pas reposé cette nuit.

Son antagoniste fut placé au milieu.

Malgré la visibilité réduite, dès le départ un bon train s'installa, réglé par Ayok.

À mesure que nous progressions, le paysage sortait des ténèbres et ses limites s'étaient déjà considérablement éloignées lorsque arriva le moment de préparer le thé. La buée des respirations formait de petits nuages qui restaient un instant accrochés à nos visages. Avant de disparaître, ils déposaient une auréole de givre sur la fourrure de nos capuchons. De la même façon, le froid enrobait de glace les poils du museau des chiens.

En attendant que l'eau bouille, nous sautions sur place, lançant nos bras autour des épaules, cherchant un soulagement pour nos pieds et nos mains engourdis. Les chiens grattaient la neige avec leurs pattes pour la mordre sans risquer de s'entailler la gueule tant elle était dure. Mes compagnons rajoutaient de la neige à leur thé noir afin de boire plus vite. Après plusieurs tasses, Amaamak se secoua légèrement dans ses vêtements pour libérer la chaleur subite qui commençait à le faire transpirer.

— Quelle température peut-il faire, Kingalik?

— Moins vingt-cinq, moins trente. Heureusement que le vent n'est pas fort, on ne tiendrait pas sur le traîneau.

— Il faudrait bien avancer quand même?

— Oui, en courant à côté des chiens, et dans le froid c'est épuisant.

Amaamak vérifia harnais et patins, puis annonça le départ.

Après quelques passages difficiles, une vaste plaine s'offrait à l'ardeur des chiens et rejoignait l'horizon jaunâtre bosselé de collines. Amaamak les désigna du doigt en articulant quelques mots noyés dans les crissements des patins. La steppe n'en finissait plus de dérouler ses formes basses et érodées. À mesure que les collines se précisaient, le vieil Inuk examinait avec attention les déroutantes arabesques de neige.

Soudain il se dressa sur le traîneau.

— Ah! Ayok, Ah! Ah! cria-t-il.

Le chien de tête s'arrêta, imité par l'attelage.

Amaamak avait sauté. Il marcha quelques pas avant de se pencher sur la neige.

— *Tuktu*, dit-il, une flamme dans les yeux.

Des trous en forme d'entonnoir défiaient le travail du vent. Amaamak retira un gant et allongea le bras à l'intérieur pour découvrir le sol gelé à quelques centimètres du fond. Tout autour, les larges empreintes d'un double croissant révélaient un sabot fortement concave, aux bords tranchants, que le caribou utilise comme une pelle pour atteindre le lichen flairé sous la neige.

— Des traces récentes, Amaamak? questionna Kingalik.

— Oui, une petite harde, cinq ou six.

— Ils ne doivent pas être très loin.

— Peut-être, suivons-les.

Les traces désordonnées ne semblaient pas avoir de direction bien définie, jusqu'au moment où il n'y eut plus de trous dans la neige. Seulement la marque des sabots, fines entailles alternant selon la texture avec des empreintes plus larges que la main. Le dessin des pieds fourchus s'augmentait parfois de traces d'ergots. Deux animaux différents de prime abord, mais en réalité le seul et même *Tuktu* magnifiquement chaussé pour parcourir son pays d'un bout à l'autre. Depuis la neige d'hiver jusqu'au roc nu de l'été, en traversant lacs, marais et rivières. Les marches[1] se dirigeaient vers les côtes et le vent léger avait à peine effacé les moins profondes, régulièrement espacées. Mais voici qu'à proximité des collines elles changèrent soudain d'apparence, transformées en nerveux piétinement qui se développait plus loin dans un galop forcené. Un espace vierge trahissait des bonds d'une ampleur impressionnante.

Et puis, venues de la plaine en travers de notre route, d'autres traces côtoyaient maintenant les empreintes fuyantes. À peine plus modestes quant à la foulée, mais fort différentes dans le dessin : pour

---

1. Traces.

chaque patte, cinq petits creux ou seulement quatre griffures dans la neige plus dure.

— *Amarit*, dit Amaamak.

Les loups.

À la poursuite des caribous.

Il arrêta l'attelage. Non sans difficulté car les chiens flairaient dans l'air sec ce que nous voyions sur la neige et de discrets effluves les excitaient déjà. L'Inuk intimida les plus nerveux pour parer à un départ inattendu, puis examina les traces en avant des huskies. Il s'accroupit à plusieurs reprises et jaugea quelques marques du bout des doigts. Ses appréciations mâchonnées nous parvinrent comme un grognement.

— Combien de loups, Amaamak? demanda Kingalik.

— Autant que de caribous, ils peuvent les emmener loin.

Les chiens s'étaient avancés jusqu'à nous. Impatients, ils s'agitaient en humant alternativement l'air et la neige. Des gémissements s'étouffaient dans la gorge des plus fougueux. À peine étions-nous remontés sur le *kamotiq* que les bêtes bondissaient à la suite d'Ayok, sans qu'Amaamak eût à donner un ordre.

Les traces nous emmenaient à nouveau dans la plaine, à l'opposé des collines, et le chien de tête les suivait sans se retourner, certain que sa décision était aussi celle de l'homme. Rien n'aurait pu distraire la meute exaltée. Bientôt de nouvelles empreintes plus fines se joignirent aux autres, s'inscrivant à côté sans toutefois se mélanger : les renards. Confiants dans les talents de chasseurs des loups, ils suivaient à distance prudente, pressés d'arriver les premiers après leur repas, dont nombre de bêtes et d'oiseaux se disputent toujours les maigres restes. Nos chiens connaissaient ces pistes et le vent qui courait à ras de la neige leur disait beaucoup plus encore. Jusqu'à Ayok qui stimulait leurs ardeurs en se tenant le plus en avant possible, le nez baissé sur ces promesses de sang.

Le jour naissant repoussait doucement l'écran grisâtre où se confondaient les reliefs. Nous savions qu'il n'irait pas très au-delà; la neige alentour deviendrait presque blanche mais la lueur solaire n'aurait pas la force d'y inscrire une ombre. Le froid très vif me serrait les tempes. Parfois, sous l'effet du vent, un voile rouge me brouillait les yeux qui s'effaçait dans un afflux de larmes.

Les traces à présent perdaient leur aspect confus pour se diviser en deux lignes parallèles. À l'endroit de la séparation, Ayok avait hésité, puis choisi la gauche sans même se retourner. Amaamak ne désapprouva pas son choix.

Sous le traîneau ne défilaient plus que les empreintes des larges sabots concaves.

Une vingtaine de mètres à côté, celles des loups enveloppaient les marches d'un seul caribou.

Puis venaient les renards aux pattes fines.

Les deux pistes se rapprochaient parfois et la belle régularité de l'une contrastait avec le désordre de l'autre, dont les marques n'étaient pas toujours celles d'un galop. De longs intervalles décrivaient les bonds des prédateurs pour atteindre l'animal au cou et lui sectionner la veine jugulaire, par où la vie s'écoulerait plus vite que d'aucune autre partie du corps. De larges espaces foulés témoignaient de nombreux échecs. Les loups roulaient dans la neige, piétinés, ou bien se suspendaient un bref instant à la gorge du caribou sans pouvoir porter la morsure décisive. Un passage de neige molle révéla une chute de la bête aussitôt relevée pour reprendre sa course désespérée. Les loups la harcelaient. L'incrustation profonde laissée par les sauts indiquait leur souci de saisir la proie à son point le plus vulnérable, sans gaspiller de forces en vaines morsures aux jarrets ou au ventre.

Un autre écroulement s'inscrivit plus loin et bientôt des taches rouges colorèrent les empreintes entremêlées. Le caribou s'était défendu de ses sabots coupants capables de fendre le crâne d'un loup, mais ses forces le quittaient. Lorsqu'il reprenait la course, son pas alourdi par l'épuisement rapprochait les traces, qu'un trait de sang continu reliait entre elles. Les deux pistes se côtoyaient et s'entrelaçaient par endroits, le chemin du caribou blessé suivant celui de la harde qui l'avait distancé. Cette confusion nous servait car le mince filet de sang figé dans la neige hypnotisait nos chiens et les animait d'une détermination que leur maître, avec ses cris et son fouet, aurait été bien incapable de fléchir. L'allure déjà rapide s'accéléra brusquement lorsque Amaamak le premier, apercevant une masse noire étendue en avant, força son train. Tous l'imitèrent en glapissant comme des coyotes, oubliant le traîneau brutalement arraché à la neige cahoteuse, qu'il ne touchait qu'à grands coups répercutés en violents craquements tout le long des patins.

Le trait de sang menait tout droit à la forme couchée.

Comme nous approchions avec fracas, trois ombres blanches s'en détachèrent furtivement et disparurent sur la neige : les renards dérangés abandonnaient la place.

Un gros corbeau tournoyait dans le ciel.

Amaamak l'observa d'un oeil inquiet.

Le caribou n'était plus qu'un amas d'os et de maigres chairs déchirées, dont seules la tête sans langue et les pattes semblaient intactes. La cage thoracique proprement nettoyée montrait la plupart des côtes brisées. La neige tout autour conservait à peine une couleur rosâtre, vestige de la nappe de sang léchée et mordue. Du repas des loups et de celui, interrompu, des renards, il ne subsistait que la peau en lambeaux et quelques os mal rongés encore propres à déchaîner la convoitise de nos chiens.

Avant qu'Amaamak pût les contenir, avec une voracité stupéfiante, ils se ruèrent sur ces piètres reliefs tout juste bons à susciter des bagarres. Les Inuit bondirent dans la mêlée, donnant généreusement du pied et du poing pour essayer d'écarter les huskies de cette curée illusoire. Les coups et les cris n'empêchèrent cependant pas les bêtes d'échanger des morsures ponctuées de vibrants hurlements qui retroussaient haut les babines. Amaamak empoignait les épaisses fourrures à pleines mains et tirait de toutes ses forces l'animal, qui se cramponnait farouchement. Les courroies d'attelage s'enchevêtraient avec la carcasse. Les chiens, sautant de tous côtés dans l'espoir d'en saisir un morceau avant d'être éloignés, s'emmêlaient les pattes dans un inextricable lacis de traits ensanglantés. Mes compagnons vinrent enfin à bout de cette ruée sauvage qui les laissa suants et soufflants. Les grands huskies, eux, se couchèrent dans la neige, l'oeil attentif, tandis que la crainte remplaçait lentement la tentation. Amaamak s'occupa aussitôt de débrouiller les lanières afin de repartir au plus vite.

— Tiens-toi devant la carcasse, avait-il dit à Kingalik.

Au premier mouvement dans ce sens, les entêtés comprirent, avec une nouvelle correction, que les chasseurs n'étaient pas disposés à perdre encore du temps par leur faute.

Les dents du caribou, ridiculement découvertes, trahissaient son âge avancé.

— Avec la maladie, c'est un handicap fatal face aux loups de la toundra, m'expliqua Kingalik.

— Un caribou en pleine forme a donc toutes les chances de leur échapper ?

— Oui, les loups courent parfois aussi vite, mais pas assez longtemps. Même en organisant des relais, ils ne sont jamais sûrs de leur coup.

— Le loup du Sud est plus favorisé, il peut bénéficier des hasards de la forêt.

— C'est pour cela que les loups arctiques voyagent beaucoup. Dans notre pays sans arbre, le gibier est dur à trouver, il faut de la ruse et de la persévérance.

Parfois, les chasseurs dissimulent des pièges dans les restes d'un caribou pour capturer facilement les renards. Amaamak, lui, n'avait jamais beaucoup pratiqué le commerce des peaux, qu'il savait trop à l'avantage de l'homme blanc; aussi nous repartîmes en laissant la carcasse encore bonne à contenter les frêles *teriganniat* et quelques oiseaux. Bientôt nos chiens n'y pensèrent plus, trottant sur les traces de la harde maintenant délivrée des loups, dont les empreintes avaient mystérieusement disparu. Seules les marques des larges sabots en croissants inscrivaient dans la neige la démarche calme et déterminée du petit troupeau se dirigeant à nouveau vers les collines, quittant la plaine plus favorable pour devancer les poursuivants.

À mesure que les traînées de nos patins se perdaient derrière nous, entre l'horizon terne et le plat désert de neige, la découpe arrondie des coteaux gagnait en relief. Elle dévoilait à présent une assise rocheuse de gros blocs partiellement enneigés.

Les traces continuaient sans dévier, indifféremment. Les caribous se jouaient des accidents du terrain.

— Il faut faire un détour, dit Amaamak. Seul *Tuktu* avance toujours tout droit.

— Tu crois qu'on ne pourrait pas passer, même en soulevant le traîneau? hasarda Kingalik.

— Non, ce serait long et dangereux, *Tuktu* est trop agile. Son sabot peut se poser n'importe où, mais pas les pattes des chiens ni nos bottes, et encore moins le *kamotiq*.

Les chiens voulurent tenter l'escalade mais l'Inuk les retint. Des ordres brefs comme des cris d'oiseaux obligèrent Ayok à suivre la bordure des rochers. Le fouet claqua pour affermir la décision et presser l'allure aussi, car ce détour prenait un temps précieux sur les quelques heures de clarté. Notre chemin longea ainsi un groupe de collines écrasées sur leur base, jusqu'à une brèche dans les éboulis, qui s'ouvrait sur une petite vallée permettant de franchir la barrière biscornue.

Un paysage tourmenté se dissimulait derrière. Des mamelons asymétriques en limitaient un côté pour laisser s'enfuir l'opposé en vastes étendues plates. Des amoncellements de rochers noirs brisaient la courbe du vent, contraint d'abandonner en énormes congères les neiges arrachées au sol sablonneux, hérissé par endroit d'une maigre végétation d'herbes sèches. Sans hésiter, Amaamak guidait les chiens dans ce décor capricieux, en obliquant à droite lorsque le terrain l'autorisait. Après plusieurs contours, nous débouchions dans une plaine égale dont seule la neige accumulée déformait la surface.

Ayok se retourna, indécis.

— *Nerdlupivoq,* Ayok! *Uit! Uit!* lui cria Amaamak.

L'animal alors se dirigea droit devant, en plein vers le milieu.

Le jour timide retenait l'horizon à moins de cinq cents mètres.

Une légère dénivellation en travers de la vallée nous laissa supposer la présence d'un lac, confirmée peu après par le crissement sur la glace raboteuse. La neige cependant restait assez épaisse pour ne pas ralentir le trot. Aucun repère alentour ne permettait d'apprécier l'étendue d'eau gelée et, sans s'en préoccuper, Amaamak conserva la même direction.

Depuis un certain temps, dans son incessant monologue d'encouragement aux bêtes, revenait souvent le nom de Yooka, prononcé avec douceur, sans jamais s'accompagner de claquement de fouet. Chaque fois, à l'avant, une chienne au pelage brun et blanc tournait la tête et pointait d'un mouvement rapide son museau vers l'Inuk. Après une meilleure observation, je m'aperçus qu'elle boitillait, mais, courageusement, entraînait la meute à la suite d'Ayok.

Tout à coup, le vieux chasseur tendit le bras, désignant un peu sur la droite quelque chose que lui seul semblait distinguer, assis sur la caisse à l'arrière du traîneau.

— *Tuktu*, annonça-t-il gravement.

Sans en attendre l'ordre, Ayok obliqua, renseigné lui aussi par le vent et, avant que l'Inuk ait pu les retenir, les huskies entamaient une course effrénée à la rencontre de ces points sombres d'où parvenaient d'excitants effluves. La vitesse du traîneau s'accordait mal aux accidents de la piste et chacun se cramponnait de son mieux pour ne pas être renversé. Amaamak, le dos calé contre la caisse, hurlait pour arrêter les bêtes, mais l'odeur des caribous se précisant, leur instinct l'emportait et les cris semblaient plutôt les encourager.

À deux cents mètres environ, la petite harde devint distincte, cinq bêtes à la robe noire qui nous regardaient approcher. Sans doute n'avaient-elles pas senti les chiens, et leur mauvaise vue leur dissimulait le danger. Il fallut les jappements pour les mettre en alerte. Alors subitement, tous ensemble, les caribous se dressèrent sur leurs pattes arrière et s'élancèrent dans un galop désordonné en amorçant un rapide virage. Nos chiens redoublaient d'efforts à leur poursuite, sans se soucier du *kamotiq* qui bondissait d'une traînée de neige à l'autre, se piquait dans une congère plus profonde, dérapait sur la glace vive, ne devant qu'à son poids de rester sur les patins.

Impossible d'épauler dans ces conditions.

Amaamak et Kingalik, s'accrochant aux lanières, voyaient avec amertume s'enfuir leur gibier sans la moindre chance de pouvoir l'abattre. Et libérer quelques huskies comme pour forcer l'ours ne servirait à rien. *Tuktu* est trop rapide.

Les Indiens dans la taïga chassent souvent de cette façon. Avec plusieurs traîneaux, ils encerclent un troupeau sur un lac et tirent abondamment dans les bêtes, sans même viser, certains que dans le nombre suffisamment de balles atteindront une cible. Les Blancs, eux, à l'occasion, les mitraillent d'un petit avion au moment de la migration. Beaucoup de caribous blessés ainsi ne profitent qu'aux loups, déclarés responsables du massacre lorsqu'on retrouve les carcasses dévorées. En hiver, dans la toundra, *Tuktu* se tient en petits groupes et l'Inuk le traque différemment, soucieux de ne pas amoindrir les troupeaux par d'inutiles hécatombes.

Les caribous gagnaient du terrain et se dirigeaient tout droit à travers le lac. Nous les vîmes bondir tout à coup à plusieurs reprises puis disparaître, masqués par des bosses que nous distinguions mal.

Nous étions parvenus au bord et, par là même, au terme de la poursuite.

La grève surélevée, encombrée de rochers, découragea d'abord les chiens qui gémissaient de déception, s'affairant pour trouver un moyen d'atteindre le dessus. Les premiers se risquèrent à sauter, mais l'élan trop faible les projetait contre la muraille où ils glissaient pour retomber lamentablement sur le dos en hurlant. De toute façon, leurs efforts resteraient vains car cet amas rocheux où le caribou nous avait aisément distancés était par trop incertain pour songer à y engager le traîneau.

Kingalik pestait contre les chiens.

— Les sales bêtes! Si elles s'étaient arrêtées à temps, on aurait pu approcher à pied. Maintenant il va falloir reprendre le pistage. Si seulement on n'avait pas été sur un lac, avec le grappin on aurait pu ralentir... Ah! la chasse avec des chiens! Au moins, en motoneige...

— Le bruit ne fait pas fuir les caribous?

— Non, ils ne savent pas tous que c'est dangereux pour eux.

Amaamak, imperturbable, savait que seul l'instinct commande à la bête sollicitée par une odeur de gibier, et la raison de l'homme alors lui devient étrangère. Derrière un sourire qui masquait certainement sa déconvenue, il articula quelques mots à mon adresse.

— Amaamak dit que l'essentiel est de savoir où se tient *Tuktu*. On le retrouvera toujours, traduisit Kingalik.

Je m'attendais à ce que la chasse reprenne aussitôt, tant que la harde semblait à notre portée, mais le vieil Inuk sortit de la caisse le nécessaire pour faire le thé.

À l'abri de la bordure infranchissable, un moment de détente après les émotions de cette folle chevauchée. Les chiens couchés recouvraient leur souffle tandis que se résorbaient les nuages de buée montant des gueules béantes. Avant de repartir, Amaamak s'accroupit auprès de la chienne qui avait des difficultés à courir. Sans hésiter, il retourna sa patte arrière gauche et trouva aussitôt le mal : des boulettes de glace, accrochées aux poils, qui écartaient les coussins au point d'entailler les chairs et de laisser perler quelques gouttes de sang mêlées à la neige. Amaamak pinçait les glaçons pour que la chaleur de ses doigts les détache sans altérer les touffes pileuses servant de raquettes. La chienne se laissait faire de bonne grâce. Il vérifia ses autres pattes moins handicapées et lui donna quelques tapes sur le flanc tout en se relevant. Ayok, qui s'était approché, en reçut une aussi, puis regagna sa place à l'avant.

Nous reprenions la piste, en longeant le bord du lac à la recherche d'un passage moins abrupt.

Lorsque le traîneau eut quitté la glace, l'Inuk n'essaya pas de revenir aussitôt vers les caribous enfuis ; il orienta ses chiens dans une vallée sensiblement parallèle, où la neige présentait peu d'obstacles. Le vieux chasseur examinait attentivement les alentours, surtout les espaces dégagés que les caribous recherchent pour leur sécurité, mais la clarté blafarde du jour ne permettait pas à l'oeil d'en évaluer raisonnablement l'étendue. La colline du fond de l'horizon n'était peut-être pas à plus de quatre cents mètres. L'odorat du caribou défie sans difficulté une telle distance, pourvu que le vent ne lui soit pas hostile.

Amaamak arrêta l'attelage.

— Nous allons continuer sans les chiens, dit-il.

Puis il commença à détacher la caisse.

— Il faut retourner le *kamotiq*, c'est plus sûr, ajouta-t-il.

Le coffre fut placé en dessous pour soulever l'arrière, de sorte que le nez des patins se piquât dans la neige. La pellicule du dernier glaçage, disparue par endroits, laissait à nu l'acier où adhérait une croûte neigeuse.

La neige se creusait à peine sous nos pieds mais chaque pas lui arrachait des bruits aigres qui prenaient une ampleur étonnante sous mes semelles de caoutchouc. Les bottes en peau des Inuit, avec le dessous en poil d'ours, parvenaient à étouffer ces craquements indiscrets. Dans ces espaces infinis, seul le vent agite en permanence l'air, quelquefois troublé par un hurlement lointain ou le glapissement d'un renard posté sur une hauteur.

Amaamak marchait en tête, sa carabine à la main. Le large parka de fourrure enrobait son profil d'une lourdeur que démentait la souplesse de sa démarche. Sur la tête, le capuchon pointu, note insolite parmi la masse arrondie de la silhouette, ajoutait encore à cet aspect trompeur. Kingalik suivait, mal remis encore d'avoir raté le gibier de si près et de devoir maintenant le rechercher à pied à travers ce désert. Nous avancions vers une succession de moraines derrière lesquelles, supposait Amaamak, avait quelques chances de passer la piste abandonnée tout à l'heure, considérant la logique particulière des caribous qui échappe même aux plus vieux chasseurs.

— Montons sur la colline, dit l'Inuk en joignant le geste à la parole, on aura une idée de là-haut.

À mi-pente, il s'arrêta pour inspecter les environs, scrutant les coulées dénudées où le vent laisse des touffes de mousse à découvert, fouillant les vallées où le lichen s'écrase sous la neige, sondant la surface supposée d'un lac où le caribou aime se reposer, à l'abri d'une attaque-surprise des loups. En reprenant haleine, nous nous attardions à détailler ces solitudes. Le givre s'accrochait plus épais tout autour de la bouche, sur la barbe, les cils, la bordure du capuchon et je sentais mon coeur répondre à grands coups à l'effort imposé par le froid. Lorsque Amaamak reprit la marche, nous savions à son expression que le gibier ne pouvait se trouver très loin derrière la crête.

C'est alors que, parvenu presque au faîte, il s'arrêta brusquement.

Son regard, parti de ses pieds, courut sur sa droite pour se perdre aux confins de la neige et du ciel. Puis il se posa à nouveau devant lui, fixe et vide.

Aussi vide que l'espace qu'il venait d'embrasser.

Aussi fixe que cette immensité figée.

L'Inuk s'agenouilla sans détourner les yeux. Nous nous étions approchés.

Les larges pattes d'un loup avaient imprimé leurs empreintes, dont une à peine visible. Celle de la patte avant droite.

Amaamak nous regarda comme s'il nous découvrait subitement et balbutia des mots incompréhensibles.

— Un loup blessé ! commenta Kingalik.

Le vieil Inuk ne répondit pas.

Sans doute n'avait-il même pas entendu, entraîné par d'étranges pensées qui à nouveau se bousculaient dans sa tête.

Kingalik, qui ne comprenait pas l'émoi de son grand-père, continuait à grimper, mais, rendu au sommet, recula aussitôt d'un pas :

— *Tuktu !* dit-il à voix feutrée, ils sont là-bas, Amaamak ! *Tuktu ! Tuktu !*

Tuktu ! Mot magique pour l'Inuk. Éternelle promesse de vie qui arracha Amaamak à ses réflexions. Il s'approcha à son tour, sans se presser, de la crête.

Cinq caribous pâturaient paisiblement à trois cents mètres peut-être, dans la plaine au bas de la pente. Le bruit de leurs sabots nous parvenait distinctement. D'un mouvement circulaire des pattes avant, ils creusaient la neige à cadence accélérée pour dégager les délicats lichens enfouis. Ils plongeaient ensuite la tête dans l'entonnoir ainsi formé puis recommençaient quelques pas plus loin. La poursuite de tout à l'heure ne semblait pas leur avoir laissé d'inquiétude.

Kingalik interrogea son grand-père du regard.

— Nous allons les approcher en les imitant, dit Amaamak.

Mais l'instinct seul guidait ses gestes. En lui-même, une terrible appréhension étouffait jusqu'à l'espoir de réussite d'une méthode ancestrale depuis que le chemin du grand loup blanc à nouveau croisait le sien.

Les deux Inuit se disposèrent de façon à reproduire au mieux la silhouette du caribou : Amaamak debout, la carabine le long du corps, tandis que Kingalik courbé à angle droit se tenait derrière lui, la tête appuyée contre le bas de son dos. Ils s'engagèrent ainsi dans la pente, marchant légèrement de biais en direction des bêtes, dont l'orientation à vau-vent[1] mettait en échec le subtil odorat. Mais les chasseurs comptaient aussi sur leur myopie pour les abuser avec une si grossière imitation.

L'étrange cervidé parvint à deux cents mètres du petit troupeau sans attirer son attention. Les caribous fouillaient consciencieusement la neige à la recherche de leur pâture. Au bruit régulier des sabots s'ajoutait parfois celui d'un grognement d'arrière-gorge, d'un ébrouement rauque que le vent apportait comme une présence insolite dans ces solitudes où la vie reste cachée.

Amaamak et Kingalik avançaient toujours. De mon observatoire derrière la crête, je pouvais suivre aisément leur progression à travers mon téléobjectif, qui d'ailleurs ne servait plus qu'à ça, le froid ayant rendu le film cassant comme du verre. Ils se trouvaient à cent cinquante mètres à peine lorsque les caribous s'arrêtèrent d'un seul coup de creuser. Tous fixaient la forme qui s'inscrivait soudain dans leur vision déficiente. Les Inuit ne ralentirent pas pour autant, continuant d'un pas égal qu'ils s'efforçaient de faire le plus léger possible. Ils accentuèrent cependant leur profil par rapport aux animaux intrigués.

Le silence s'était posé sur la neige, le temps de la surprise.

---

1. Vent de dos.

Bientôt un grognement léger ramena la confiance. Un autre, identique, lui répondit par la voix d'Amaamak à la raucité convaincante. À nouveau les sabots battaient la neige et la petite touffe verte au fond des trous redevint la préoccupation majeure de la harde. Une tête parfois se relevait, examinant un instant ce congénère enroué qui se tenait à l'écart, puis replongeait vers les lichens.

Pourtant, à mesure que la distance diminuait, à vitesse égale l'inquiétude faisait son chemin chez les animaux qu'un unique instinct sensibilisait à cette approche discrète. Les mouvements de pattes cessèrent, cinq têtes dressées quêtaient des yeux, des oreilles et des naseaux quelque indice qui pût confirmer la crainte naissante. Le solitaire devenait moins flou mais son apparence semblait familière, son pas craquait régulièrement, son odeur n'était pas celle du loup, alors pourquoi de l'inquiétude? Pourquoi cette tension grandissante? L'une des bêtes, cédant à la curiosité, avança de quelques encolures puis, saisie d'affolement, bondit aussitôt en arrière, entraînant les autres dans un bref galop.

La distance n'excédait pas cent mètres.

Les caribous refirent à pas retenus le chemin absorbé en quelques foulées, se dandinant drôlement, comme si, entre leur corps et leur esprit, la crainte s'opposait au désir de connaître la vraie nature de ce visiteur.

Les Inuit ne bougeaient plus.

Ils présentaient aux bêtes un semi-profil où le parka de peau d'Amaamak prenait toute l'importance.

Les caribous hésitaient.

Les grognements gutturaux des chasseurs les atti-
raient de quelques coudées, sitôt reprises par la force
invisible et sourde de l'instinct. Patiemment les
hommes devaient regagner la fragile confiance qu'un
seul défaut d'imitation pouvait anéantir. Dans cet
interminable ballet, Amaamak et Kingalik profitaient
du recul des bêtes pour progresser d'autant. Soudain,
elles s'immobilisèrent, le regard rivé sur cet animal
difforme; leur curiosité exacerbée l'emportait pour
l'instant sur la peur. Amaamak prit avantage de cette
poussée de confiance et continua d'avancer, avec
Kingalik courbé derrière son dos. Quelques puissants
raclements de gorge décidèrent les crédules caribous
à les imiter.

Les animaux maintenant avaient franchi la limite
de tir et venaient toujours à pas prudents vers les
chasseurs. Cependant, Amaamak ne voulait pas jouer
avec leur candeur car il savait trop que cette frêle
assurance pouvait à tout moment exploser en
panique qui les conduirait au grand galop cent lieues
plus loin. Et tout serait à recommencer, aujourd'hui
ou demain.

Sans doute décida-t-il à voix basse avec
Kingalik de la bête que chacun devait viser car, en
un éclair, leur belle imitation se rompit. Ils épaulè-
rent et les coups se fondirent en un même tonnerre,
couchant deux caribous. Les trois autres bondirent
sur leurs pattes de derrière, les forces décuplées par
la peur et la décharge de cette formidable tension
nerveuse accumulée pendant la longue approche.
Un seul mesura pleinement la puissance de ses
jarrets, emporté en bonds hystériques vers la

sécurité du fond de la plaine : Kingalik avait brisé net le fier élan d'un autre tandis que le troisième s'enfuyait en boitant, atteint à l'épaule par la seconde balle d'Amaamak.

Kingalik courut derrière et tira encore, mais déjà l'animal échappait à la portée de l'arme.

— Poursuivons-le avec les chiens, il ne peut aller loin, dit-il, tout excité.

— Nous avons assez de viande, répliqua sèchement le vieil Inuk.

Kingalik en resta interloqué.

— Mais c'est ton caribou, Amaamak, par malchance tu l'as seulement blessé, tu ne peux le laisser s'enfuir !

Amaamak ne répondit rien.

Il se dirigea vers les bêtes étendues dans la neige et Kingalik, interdit, fixait la silhouette massive de son grand-père. C'était la première fois qu'à ses yeux Amaamak manquait un caribou. La première fois aussi qu'il refusait de poursuivre un gibier blessé qu'il avait des chances de rattraper. Et puis, ce trouble devant les traces d'un loup boiteux...

Kingalik pensa que son grand-père commençait vraiment à vieillir.

8

Tuktu
Le caribou

Voici donc Tuktu étendu dans la neige, la langue pendante et l'oeil vitreux, avec du sang sur sa robe brune et blanche. Tuktu qui traverse deux fois par an la toundra en si grand nombre qu'on ne voit plus le pays quand il passe. Qu'on n'entend rien que le claquement de ses sabots, que ses grognements. Qu'on ne sent plus que son odeur tiède qui plane longtemps au-dessus de la terre à jamais marquée de ses empreintes.

Tuktu.

Katterineq, la Foule, comme les Inuit dénomment ces hardes gigantesques qui parcourent les «terres désolées» depuis toujours. Et ces Inuit-là s'appellent eux-mêmes le Peuple.

Le Peuple a toujours vécu de *Tuktu*.

À sa naissance, l'enfant était enveloppé dans une douce fourrure de faon. À sa mort, le chasseur recevait pour linceul une large peau de caribou. Sa vie entière, il s'en remettait à *Tuktu*, pour manger et se vêtir, pour se protéger du froid, pour voyager sur la glace ou sur l'eau, pour chasser... Pour fonder sa culture et ses croyances. Pour danser avec le *kilaut*, grand tambour des jours de fête.

De nos jours, même si la Foule décimée n'envahit plus l'horizon quand elle voyage, même si les Blancs prêtent au Peuple ce qu'il demandait jadis au caribou, l'Homme du Dos de la Terre sait bien que, s'il peut encore porter ce fier nom d'Inuk, c'est grâce à *Tuktu*.

Tuktu, c'est sa liberté, son indépendance envers l'homme blanc, plus importante que la vie nouvelle qu'il veut lui imposer. Essentielle comme cette richesse qui lui valut son surnom d'Eskimo, « mangeur de viande crue ».

Amaamak entreprit de dépouiller un caribou, un mâle sans bois à cette époque, avec à la place deux légères protubérances, dérisoires embryons de la somptueuse ramure d'automne. Le pelage dru enveloppait jusqu'au museau recouvert de courts poils d'un blanc éclatant, comme le ventre, les flancs et le dessous de la queue. Sur le reste du corps, des nuances mordorées assombrissaient la chaude fourrure d'hiver aux poils dressés pour couper les vents des plaines arctiques. Tandis que Kingalik maintenait sur le dos la bête inerte, Amaamak fendait la peau sur toute la longueur, depuis la queue jusqu'au cou, en prenant soin de ne pas entamer les chairs. Sous la gorge, un surplus de peau lâche subsistait de la barbe blanche qui pousse en automne, affirmant mieux le mâle que les bois également portés par les femelles. L'Inuk trancha au milieu, puis glissa sa lame effilée le long des chairs. Tirant la peau de la main gauche, de l'autre, à coups précis, il la détacha sur de grandes longueurs. Une buée discrète s'exhalait du corps chaud, instantanément dissipée dans l'air vif. Amaamak travaillait avec dextérité. L'acier qui prolongeait sa main s'insérait sous la fourrure sans jamais l'entailler et les minces vaisseaux sanguins qui se dessinaient sur le cuir grisâtre conservaient leurs lignes aux mille ramifications.

Rapidement, le corps nu de la bête apparaissait. La tête et les pattes grossièrement dégagées laissaient *Tuktu* méconnaissable, exposant ses chairs rosées aux morsures du froid. Amaamak étendit la peau poil en bas pour la rouler. Mitiyuk la débarrasserait de la graisse et des larves qui s'y incrustent, en si grand nombre parfois qu'elles parviennent à épuiser mortellement leur père nourricier. Le gel commençait à raidir la carcasse. L'Inuk l'abandonna pour dépouiller un second caribou avant que toute chaleur ne le quitte et que la peau raidie ne s'en détache plus. Déjà, son travail demandait davantage d'efforts et de précautions et, lorsqu'une dernière taillade délivra la fourrure, le froid en avait absorbé la souplesse. Amaamak se hâtait. La lame pointue ouvrit d'un coup le ventre sans toucher la panse gonflée de lichens. Il vida la cavité sanguinolente en mettant à part le foie, le coeur et les reins. Puis il débita en quartiers les cuissots, le thorax, les épaules et la tête, dont il retira la lourde langue râpeuse qu'il jeta sur les abats. Un découpage identique réduisit l'autre animal en quelques tas de viande qui rougissaient la neige. Du troisième caribou il préleva juste la langue, car le gel ne permettrait plus d'en pratiquer l'écorchement.

Ce spectacle peu ragoûtant recelait cependant quelque beauté. L'habileté de l'homme à dépecer la bête couronnait sa ruse patiente pour l'approcher et son adresse pour la foudroyer d'une seule balle. L'Inuk, soumis toute sa vie à la dure nécessité de la mort, possède en lui l'art de la chasse certes, mais tout autant le respect du gibier vaincu, qu'un équarrissage soigné souligne comme un dernier hommage.

Kingalik donna peu d'aide à son grand-père. Les gestes ne lui venaient pas. La façon des chasseurs lui était depuis longtemps étrangère. Amaamak le savait et ne lui demandait rien.

Il restait, à côté des quartiers empilés, les entrailles impropres à la consommation lorsque la faim ne l'impose pas. Amaamak les regroupa puis trancha deux morceaux de bonne viande, prélevés chacun sur une carcasse, et les lança plus loin sur la neige en prononçant quelques paroles d'un ton invocatoire. Je dus insister pour que Kingalik veuille bien m'en donner la traduction.

— Ça ne signifie rien, disait-il, Amaamak respecte toujours les vieilles coutumes.

— Mais qu'a-t-il dit, Kingalik?

— Il a dit: «Que cela veuille bien m'obtenir d'autres caribous.» C'est une habitude chez lui, il croit que sans ça il ne tuera jamais plus rien.

Mais Amaamak se souciait bien peu de notre discussion, il accomplissait un geste ancestral pour favoriser les chasses à venir et rien, pas même les idées neuves de son petit-fils, n'aurait pu l'en empêcher. D'ailleurs, depuis que Kingalik avait connu le pays des Blancs, Amaamak en sa présence ressentait un surcroît de fierté à exécuter un geste venu du lointain passé des Inuit.

En rengainant son couteau, il annonça qu'il partait chercher le traîneau et le ton précisait qu'il irait seul.

Déjà il remontait la pente pour retrouver nos traces sur l'autre flanc de la colline.

— Amaamak, tu ne prends pas ta carabine? lui cria Kingalik.

— Je n'ai pas besoin de carabine pour aller jusqu'aux chiens, répondit-il sans se retourner.

— Mais si tu aperçois le caribou blessé...

— Je ne pourrai pas l'approcher d'assez près, dit-il, et sa voix ne donnait pas l'impression qu'il le déplorât.

Bientôt son capuchon pointu se détacha dans le ciel et disparut sous la crête.

Le jour retirait progressivement sa lumière grise et les traînées rosâtres venues de là-bas, derrière la terre, étendaient sur la plaine une froideur désolante. Nous marchions à grands pas le long des carcasses pour contenir l'air glacé qui nous pénétrait jusqu'aux os.

— C'est une belle chasse, Kingalik!

— Oh non! s'exclama-t-il, pendant la migration on en tue beaucoup plus, l'hiver c'est moins intéressant.

— On chasse de la même façon pendant la migration?

— Pas tout à fait. Lorsque les caribous sont en grand nombre, on les approche facilement. Après, il suffit de tirer dans le tas.

— Tu chasses avec Amaamak à ce moment-là?

— Non, en fait je ne vais pas souvent avec lui. Si je suis venu cette fois, c'est pour qu'il t'emmène.

— Merci. Ça doit te rappeler des souvenirs?

Kingalik me lança un regard sévère, comme si je l'avais insulté.

— Je ne chasse que pour me distraire, moi. Amaamak ne veut pas que Mitiyuk lui fasse la nourriture des Blancs... Il n'aime pas non plus que j'achète de la viande à la Coopérative, il dit qu'un Inuk doit chasser.

— Beaucoup font comme lui au village?

— Quelques-uns : Kudlalak, Apakaq, Ittoq, tous les vieux, les seuls qui aient encore des chiens. D'ailleurs, la plupart du temps, ils chassent pour nourrir leurs chiens.

Kingalik prit alors un temps puis, d'une voix grave, il déclara :

— Tu sais, maintenant il y a deux catégories d'Inuit, ceux qui adoptent la civilisation des Blancs et ceux qui ne savent que chasser.

À moins, pensai-je, que ce ne soit ceux qui acceptent la dépendance et ceux qui veulent rester libres. Mais je gardai pour moi ma réflexion.

L'occident se colorait graduellement et le ciel pourpre détaillait au loin le profil du pays. La neige n'était plus blanche qu'à nos pieds, assombrie au-delà par la nuit qui déjà revenait. Sous peu, la plaine se réduirait à un trou noir et, jusqu'au nouveau jour, seuls les bruits en réfléchiraient la profondeur. Nous nous arrêtions de marcher pour mieux écouter les chiens, sans doute à faible distance, mais l'air sec ne transportait que le bruissement du vent chargé du lointain hurlement des loups se préparant pour la chasse.

Amaamak tardait.

— Penses-tu, Kingalik, que le caribou blessé soit allé bien loin?

— Peut-être, il courait encore vite, les loups l'attraperont s'ils le découvrent. Je ne comprends pas pourquoi Amaamak l'a laissé s'enfuir, dit-il, le regard vague. Lui qui ne chasse pas les loups, il se préoccupe toujours de leurs traces.

— Ce loup blessé doit être dangereux?

— Possible! Amaamak a eu l'air inquiet en voyant sa piste et il est parti sans arme, c'est ça qui m'étonne.

— Il a son couteau!

— Contre un loup c'est peu. Tiens, regarde, une aurore boréale qui se forme. Mon grand-père dit qu'il s'agit d'esprits jouant à se lancer un crâne de morse. Encore des histoires du passé!

Dans le ciel, une traînée scintillante dessinait des courbes, des mouvements capricieux qui l'allongeaient pour l'enrouler l'instant d'après, comme une gigantesque écharpe pailletée agitée par la main d'un géant. Elle s'effilait telle une comète puis s'étalait paresseusement. Elle disparaissait par moments, abandonnant quelques poignées d'étoiles roses derrière elle, puis surgissait dans le noir pour les engloutir, et repartait vers les hauteurs insoupçonnées du firmament d'où elle plongerait mieux vers les abîmes glacés.

L'étrange ballet nous captiva et, lorsque le ciel abaissa son rideau sombre à peine crevé de quelques points brillants, nous reprîmes notre marche alternée. Malgré les mouvements, le froid s'infiltrait sournoisement dans nos chairs. À chaque arrêt, tandis que la neige s'étouffait sous nos bottes, il nous secouait de frissons pareils à des décharges électriques. De plus en plus, nous tendions l'oreille dans la direction de la crête, pas vraiment inquiets, plutôt exaspérés par cette attente qui rendait la température insoutenable. Kingalik perçut enfin un aboiement. Puis d'autres que j'entendis aussi, mais un moment s'écoula avant que n'apparaisse l'ombre grise d'Ayok dévalant la pente. Une masse confuse suivait à quelque distance, qui bientôt se détacha de la pénombre et vint s'arrêter, haletante, devant la viande empilée. Les Inuit promptement repoussèrent les chiens sans leur laisser la moindre chance de satisfaire leur convoitise. Les bêtes comprirent sous les coups ce que signifierait la désobéissance et, dépitées, se couchèrent en nous observant à travers leur rancoeur.

— Tu n'as rien rencontré en route? demanda Kingalik à son grand-père.

— Non, rien que la nuit.

— Il va falloir enlever nos affaires pour charger la viande.

— Oui, mettons la viande au centre.

Lorsque le tout fut solidement fixé, la place manquait pour s'asseoir. Kingalik s'installa de côté sur la caisse, dos à dos avec son grand-père; je trouvai à me caler entre nos sacs et la tête ensanglantée d'un caribou. Chacun s'accommodait de son inconfortable position sachant, à la nuit qui s'épaississait, que le voyage serait court. Juste le temps de trouver un endroit favorable pour bâtir l'igloo.

Les chiens tendaient leurs traits à les rompre, peinant et soufflant pour arracher la charge aux raidillons qui déformaient la piste. Arc-boutés, ils s'accrochaient de toutes leurs forces à la neige qui se déchirait sous leurs pattes. Nous descendions souvent pour les aider, soutenus comme eux par les cris d'Amaamak, et le froid alors nous accordait un léger répit. Dans un passage à l'abri de mamelons lourds et sombres, l'Inuk arrêta les bêtes qui, hors d'haleine, se laissèrent choir dans leurs harnais. De larges congères s'allongeaient tout autour. Amaamak les sonda de sa lame incurvée mais aucune ne parut le satisfaire. Il continua encore en avant puis revint vers nous.

— *Pionngitoq*, dit-il, ce n'est pas bon, il faut continuer.

Plusieurs fois il répéta son ordre aux chiens, que le fouet décidait mieux à se lever. Lourdement, les bêtes reprirent la marche. Lorsque les difficultés nous freinaient à l'extrême, certaines se couchaient, refusant de continuer. L'Inuk en profitait pour tester la neige alentour, puis, à force de cris et de coups, remettait l'attelage sur pied. L'avance était si lente que, la plupart du temps, nous marchions le long du traîneau. La nuit accordait tout juste assez de visibilité pour distinguer au-delà des chiens.

Ayok parfois s'asseyait subitement, immobilisant l'attelage. Mais au lieu de le battre, Amaamak s'approchait avec son couteau et sondait la neige.

— Amaamak est difficile sur le choix de la neige, m'expliqua Kingalik. Il faut qu'elle soit bien tassée par une seule tempête, sinon la différence de texture rendrait l'igloo incertain. Il préfère attendre plutôt que de risquer un effondrement en pleine nuit.

— C'est peut-être mieux ainsi, non?

— Ce n'est pas drôle un igloo qui s'écroule, mais pour une nuit cette neige devrait tenir.

Le temps passait qui réduisait nos forces à tous, hommes ou bêtes luttant contre la fatigue, le froid et l'anxiété. Malgré ses échecs, Ayok s'obstinait à s'arrêter sur les congères qu'il rencontrait, à condition qu'elles fussent suffisamment étendues. Il s'en trouva bientôt une offrant la résistance requise à la pénétration du couteau, qui ne parvenait pas à en mesurer toute la profondeur. Enfin, l'endroit pour bivouaquer.

La maison de neige ne fut pas longue à s'arrondir. Bientôt j'allumais le réchaud à l'intérieur, tandis que mes compagnons construisaient un autre abri tout différent. Autour des quartiers empilés et du caribou intact, ils bâtissaient un coffre rectangulaire avec de gros blocs pour dissuader les éventuels maraudeurs. Comme pour un igloo, ils soignaient l'assemblage, car, malgré la proximité des chiens, l'ours blanc ou le carcajou également rusés et courageux n'hésiteraient pas à forcer la cache à travers la moindre faille. Amaamak avait prélevé notre repas et celui des chiens. Avant de faire les parts, il ôta les harnais et attacha les bêtes fourbues à leur chaîne. Les fatigues de la journée n'avaient cependant pas émoussé leur appétit, bien au contraire; la viande fraîche fut accueillie sauvagement après la nourriture gelée habituelle. Les os craquaient sous les mâchoires et les chiens n'en laissaient pas perdre le moindre morceau.

Pour nous, Amaamak rentra les langues, un morceau de thorax, les os des pattes fragmentées, une mince tranche de lard détachée le long de l'échine. Avant d'ajuster la porte de neige, il parcourut d'un regard ce qu'il abandonnait au froid et à la nuit : les chiens, dont quelques-uns n'avaient pas terminé leur ration, le traîneau vide et déshabillé de ses peaux, la cache à viande, massive et austère.

Les murs de l'igloo ruisselaient. Une odeur forte de viande sauvage s'échappait de la casserole trop petite pour tout contenir. Nous avions retiré nos vêtements d'extérieur et regardions sans parler les grosses bulles graisseuses éclater à la surface du bouillon. Régulièrement, Amaamak piquait un morceau avec son couteau, le mordait puis le remettait à cuire. Après de nombreuses tentatives il en garda un, saisi du bout des dents, le trancha net au ras des lèvres et l'avala sans prendre le temps de le mastiquer. Un rictus déforma sa bouche, accompagné d'un mouvement de tête nous invitant à participer au repas. La lame pénétrait bien dans la viande consistante attendrie par une cuisson laborieuse, mais la proximité des os la rendait assez filandreuse. Mes compagnons recherchaient plutôt les morceaux de langue, qu'ils piquaient avec dextérité.

— La langue est le morceau préféré des Inuit et des Indiens, m'apprit Kingalik. On raconte souvent que, dans les forêts du Sud, les Indiens massacraient parfois un grand nombre de caribous juste pour faire un festin de langues.

— Ils ne prenaient rien d'autre ?

— Non, seulement les langues. Les chasseurs de chez nous en sont toujours consternés, ils respectent les animaux et ne les tuent pas pour leur seul morceau favori. Nous n'aurions jamais survécu dans ces conditions.

À mesure que la casserole se vidait, Amaamak rajoutait viande et graisse. Chacun ensuite, en prenant un morceau, s'assurait de sa cuisson en enfonçant plus profondément son couteau. Il arrivait cependant que l'on se trompât et que la viande mal bouillie résistât sous la dent, alors, sans plus de manières, on la rejetait dans le bouillon. Nous trouvions parfois dans le fond un fragment d'os de patte vidé de sa moelle grasse et juteuse. Les Inuit la recherchaient alors avec leur lame car cela aussi est une de leurs délectations.

— Pour apprécier un repas de caribou, m'expliqua Kingalik, il faut manger trois morceaux de viande pour un morceau de gras.

— C'est une viande assez maigre, en effet.

— En ce moment elle est maigre, mais même en automne on la mange comme ça. Le gras évite d'avoir froid et rassasie mieux.

— Vous ne la faites jamais griller?

— Ce n'est pas la coutume chez les vieux, la lampe à huile de jadis était trop faible pour cela. À la maison, Mitiyuk fait de la soupe au sang et prépare aussi le contenu de l'estomac, les lichens à moitié digérés, mais je n'aime pas ça, moi.

— Pourquoi faites-vous cuire le caribou et jamais le phoque?

— Je ne sais pas vraiment, c'est une habitude. Les chasseurs boivent à la tasse le sang du phoque et pas celui du caribou. Sans doute parce que le phoque vit dans la mer, son sang est plus nourrissant. Le bouillon huileux apportait un complément énergétique et chacun le puisait avec sa tasse en évitant les bouts de viande. Amaamak s'efforçait d'en maintenir le niveau dans la casserole; régulièrement, il rajoutait plusieurs poignées de neige détachées du bloc en réserve.

Lorsqu'il ne resta ni viande, ni graisse, ni bouillon, il retourna la casserole d'un geste comique puis articula quelques paroles, ses premières depuis le début du repas, qui le secouèrent d'un grand rire gagnant aussi Kingalik. J'avais seulement compris *Qablunaq*, mais leurs regards m'apprirent que l'intention n'était pas de se moquer.

La bouilloire à thé remplaçait maintenant la casserole sur le réchaud. Amaamak fumait sa pipe, l'air absent, parti sur quelque souvenir que ravivait la quiétude du moment. Posément, il tourna vers moi son visage tanné par les vents et les soleils de printemps. Ses yeux pétillaient de finesse, aiguisée par les reflets de la flamme. Dès qu'il commença à parler, Kingalik traduisit ses paroles, qui ne s'adressaient qu'à l'étranger :

«Tu sais, *Qablunaq, Tuktu* vient de la terre! Dans les temps anciens, un esprit marié à une femme vivait sans chasser et cela intriguait beaucoup les hommes, qui lui répétaient souvent qu'on ne peut subsister ainsi, sans jamais poursuivre de gibier. L'esprit alors s'est irrité de leurs paroles et, avec sa lance, il frappa tellement le sol qu'un trou s'ouvrit à ses pieds. Un caribou en jaillit. L'esprit le tua aussitôt puis reboucha l'ouverture et ainsi, chaque fois qu'il voulait un caribou, il lui suffisait de creuser avec sa lance. Mais les hommes s'inquiétaient toujours car ils ne le voyaient jamais partir à la chasse comme eux, avec un arc et des flèches, ou bien en kayak pour surprendre *Tuktu* à la traversée des rivières.

« Un jour, l'un d'eux le suivit à distance, en se cachant comme un renard. Lorsque l'esprit fut reparti avec son caribou venu de terre, l'homme sortit de sa cachette et se mit à creuser au même endroit. Un caribou bondit, puis un deuxième, un troisième... Beaucoup d'autres encore, si nombreux que l'homme ne pouvait plus refermer le trou. Des hardes immenses se répandirent ainsi sur le pays. En voyant cela, l'esprit entra dans une grande fureur. Il se précipita au-devant des animaux en leur criant de toujours fuir les hommes et de beaucoup les craindre. Et c'est depuis ce jour que l'Inuk doit déployer autant de ruse que le loup pour attraper *Tuktu*. »

Amaamak marqua un temps, avala quelques gorgées de thé, puis reprit :

« *Tuktu* s'est mis à voyager à travers la toundra, de longs périples depuis la Grande Banquise jusqu'au lointain pays des arbres. Ses chemins suivaient toujours les mêmes vallées, traversaient les mêmes lacs, longeaient les mêmes rivières, et l'Inuk, qui les connaissait bien, allait l'attendre à ces endroits, printemps et automne. Mais il arrivait que *Tuktu*, imprévisible comme le vent, décidait d'oublier la route empruntée depuis des années pour en prendre une autre, impossible à découvrir dans les plaines sans horizon. Aucun chasseur ne sut jamais pourquoi et, pour le peuple des Inuit, bien des famines suivirent les caprices de *Tuktu*.

«Des Indiens de l'Est utilisaient une magie pour connaître ses intentions. Ils plongeaient dans un feu de bois une omoplate de caribou, et les fissures que dessinait la flamme sur la surface de l'os calciné leur donnaient les plus précieuses indications sur le passage des hardes. Lorsque *Tuktu* tardait à arriver, ceux de mon peuple aussi essayaient de deviner son nouveau chemin sur une omoplate chauffée, mais rien dans notre culture ne permettait d'interpréter cette magie indienne, que les caribous déjouaient aisément dans l'étendue de leur domaine. Peut-être aussi que la flamme de nos lampes à huile de phoque ne donnait pas assez de chaleur pour tracer les vrais chemins sur l'os.»

Amaamak se tut un instant, ralluma sa pipe et laissa son regard errer à travers la fumée, sur la route des caribous, ces nomades semblables aux Inuit, qui traversent les espaces démesurés de l'Arctique en obéissant à la seule loi des saisons. Puis il rassembla ses idées et continua son récit. On sentait dans la voix de Kingalik de l'indifférence pour ces choses des temps anciens.

«Lorsque nous savions, à quelques signes du vent et du ciel, que la Foule arrivait de son lointain voyage, les chasseurs, les femmes, les enfants, le Peuple entier allait l'attendre derrière les *Inukshook*.

«Les *Inukshook* ont toujours veillé sur le pays et sur *Tuktu*.»

Dans le langage des Inuit, l'*Inukshook* c'est «celui qui ressemble à un homme», monticule de pierres incrustées de lichens, à la silhouette humaine pour rassurer le voyageur arrivant de la banquise, ou celui enfoncé dans une plaine inconnue.

«Personne ne sait depuis quand ils sont là, les ancêtres eux-mêmes l'ignoraient.

«Depuis qu'il y a des Inuit sans doute, et qu'ils chassent les caribous.

«Sur les routes de migration, à certains passages difficiles, les Hommes de pierre étaient alignés sur deux rangées se resserrant comme un goulet au bout d'une longue enfilade. L'espace entre chacun n'excédait pas quelques kayaks parfois. À mesure que les bêtes s'engageaient dans la passe, les femmes sortaient de leurs cachettes et les suivaient en criant comme des loups, tandis que les hommes et les garçons s'agitaient entre les *Inukshook* pour convaincre les caribous myopes que ces pierres empilées, aussi vivantes qu'eux, leur interdiraient de bifurquer. Ainsi la harde avançait résolument entre les deux barrières qui se rapprochaient de plus en plus.

«Au bout les attendait une embûche.

«Depuis toujours, la tradition en décidait la nature, que chacun apprenait de son père. Selon l'endroit, nous pouvions tirer dans le flanc des bêtes des dizaines de courtes flèches avec nos arcs en corne de boeuf musqué ou bien, si à la sortie de l'étranglement se trouvait un lac ou une rivière, les poursuivre en kayak, et les transpercer de nos lances.

«La vie de tous dépendait de ces chasses, aussi chacun respectait parfaitement le plan élaboré par nos ancêtres. La moindre erreur pouvait à chaque instant tout anéantir.

«Il fallait tuer le plus possible de caribous car ils ne repasseraient plus avant deux saisons et l'hiver sans réserves de viande signifiait la mort. On achevait les blessés d'un coup de lance et, lorsque le calme revenait, la rivière restait longtemps colorée du sang de *Tuktu*.

«Même mort, il conservait notre respect. Chacun se gardait d'offenser son esprit ou de briser un tabou, par crainte d'éloigner les hardes de leur chemin habituel. Les femmes, à qui l'esprit des gros animaux refuse le droit de les chasser, n'assistaient pas à l'écorchage. Les peaux leur étaient confiées plus tard pour être apprêtées. Les lieux d'embuscade restaient sacrés, et nulle femme encore ne pouvait s'avancer jusqu'où les hommes se dissimulaient avec leurs arcs. Après la chasse, lorsque la viande et les peaux ne formaient plus que de gros tas à répartir dans la communauté, les chasseurs déposaient en offrande quelques quartiers sous un amoncellement de pierres que veilleraient les *Inukshook* jusqu'à la prochaine migration.

«Personne ne s'écartait de ces coutumes venues de temps lointains, car notre existence dépendait de *Tuktu*, et son esprit devait toujours être honoré.»

Kingalik cachait mal une certaine gêne à évoquer en ma présence les vieilles traditions. L'irritation perçait dans sa voix, au récit de ces souvenirs qui peuplaient déjà son enfance. L'obstination de son grand-père à exposer devant un Blanc les vestiges de la vie sauvage d'autrefois avivait en lui le désir de n'avoir jamais appartenu au Peuple des Inuit. Mais Amaamak poursuivait son voyage dans le passé, aussi déterminé que lorsqu'il parcourait à pied la toundra d'été avec sa famille et ses chiens ployant sous le fardeau, à la recherche d'un endroit giboyeux pour installer la tente de peau. Son regard ne me quittait plus, lourd de la volonté d'ouvrir à ma réflexion les chemins de sa race à jamais effacés par la mienne.

« L'été, lorsque *Tuktu* se répandait dans les plaines en petits groupes, il devenait encore plus ardu à chasser, à cause de la difficulté de l'approcher. Mais nous le connaissions bien, et si son odorat lui permettait d'éventer les chasseurs à grande distance, sa mauvaise vue et sa curiosité le rendaient vulnérable. Quand un troupeau broutait calmement, deux hommes profitant d'une bonne orientation du vent marchaient le long des bêtes, à distance raisonnable. Ils se tenaient l'un derrière l'autre, très près, à se toucher. Sans modifier leur pas, ils les dépassaient de quelques dizaines de mètres. À ce moment, l'un des chasseurs profitait du premier accident de terrain pour se cacher rapidement, un rocher, une fondrière. L'autre continuait sans rien changer à son allure. *Tuktu*, intrigué, s'arrêtait de brouter et cherchait sur la brise une explication que sa myopie lui refusait. Mais en vain. Alors il décidait d'aller voir de plus près cette étrange silhouette avançant devant lui et recevait une volée de flèches en passant près du chasseur embusqué.

« On construisait aussi des pièges en pierres, au flanc des collines. Un couloir étroit bordé de rochers menait à une fosse masquée par des branchages, où nous attirions les bêtes avec des herbages différents de ceux qui poussaient là. Mais *Tuktu* arrivait à confondre nos stratagèmes. Ou bien les loups se l'appropriaient. Il fallait multiplier les ruses pour obtenir assez de viande à faire sécher au soleil, ce *mipko* qui permettrait d'attendre la saison du phoque si les caribous décidaient de fuir l'hiver par un nouveau chemin décidé par les femelles et inconnu des chasseurs.»

Amaamak laissa un long moment sa mémoire vagabonder dans la toundra d'été, les yeux remplis de l'éphémère et fascinant spectacle du sol arctique où la blancheur uniforme de l'hiver s'oublie devant les couleurs flamboyantes des lichens et des fleurs, que la nature soudain généreuse étale sur les terres et accroche aux rochers. Époque de vie intense qui déborde partout, dans les ruisseaux fougueux libérés de leur carcan glacé, dans le ciel pur et large, dans les mousses spongieuses peuplées de lemmings, d'écureuils, de lièvres, de perdrix... Petit gibier facile qui effaçait parfois *Tuktu* pendant ces quelques semaines où les tentes de peau remplaçaient les igloos. Mais, comme si la brise légère des soirs d'été venait subitement d'être soufflée par le vent coupant qui arrache des grimaces, le visage d'Amaamak se durcit. Son regard se fit accusateur. Sa voix plus sèche aussi.

«Lorsque l'homme blanc est arrivé par ici, il a offert des fusils en échange de la viande de *Tuktu*. Il l'entassait alors dans ses bateaux afin de consacrer tout son temps à la chasse aux baleines, d'un bon commerce chez lui. Mais, si le Blanc donnait des armes à feu, c'est seulement parce que nos arcs ne permettaient pas de lui fournir assez de caribous. De plus en plus d'Inuit en possédèrent et la chasse devint facile, laissant à tous le temps de trapper les renards, que les étrangers voulaient aussi en quantité. Avant cela l'Inuk ne demandait à *Teriganniaq* que quelques fourrures pour la saison d'hiver, de quoi doubler ses vêtements. Maintenant il le pourchassait sans relâche. Il arriva que, certaines années, les Blancs ne revinrent pas chercher les peaux, nous privant ainsi d'armes et de balles. Sans balles, le fusil ne peut rien contre *Tuktu*.

«De jeunes Inuit habitués à chasser de la sorte ne savaient pas manier l'arc et les flèches. De plus vieux mêmes avaient perdu leur habileté. Pour tous ceux-là, la famine et la mort furent pendant l'hiver le prix de la confiance donnée aux marchands venus du Sud.

« *Tuktu*, lui, fréquentait toujours régulièrement les plaines arctiques, mais les corbeaux qui l'accompagnent n'annonçaient que des hardes plus petites chaque fois. Nous avions tellement décimé les troupeaux pour nourrir les Blancs que nous craignions alors qu'il n'en reste pas assez pour subvenir à nos besoins. En quelques années, les Blancs avaient fait plus de tort que nos ancêtres pendant des millénaires. Les baleines disparurent toutes mais, heureusement, *Tuktu* demeura. Lui seul a su vraiment pourvoir à la survivance de mon peuple.

«Les négociants arrivaient de plus en plus nombreux, attirés par nos fourrures. Certains s'installèrent à demeure. Nous n'avons plus manqué de balles et les *Inukshook* perdirent leur utilité. Eux qui veillaient sur nous pendant les longs voyages et permettaient les grandes chasses d'automne n'ont pu contenir cette vie nouvelle qui révolutionnait nos moeurs. Ils régnèrent bientôt sur un pays vide de tentes et d'igloos. L'Inuk abandonnait son existence de nomade pour former des villages aux maisons de bois apportées de plus loin que ne voit l'oeil d'un *Inukshook.*

« Dans chaque groupement, un magasin de la Hudson's Bay Company fournissait en échange des peaux quantité d'objets jusqu'alors inconnus. Rapidement, ils devinrent indispensables, au point que les ballots à troquer n'étaient jamais ni assez gros, ni assez nombreux, car ces articles en appelaient d'autres qui valaient encore plus de fourrures. Les Inuit n'aimaient pas trapper, mais ils n'avaient guère le choix.

« Très vite, il nous fut impossible de vivre sans la Hudson's Bay Company qui possédait la réponse à tous nos nouveaux besoins. Nous étions comme l'ours cerné dans sa tanière.

« En plus des peaux, le Blanc de la compagnie s'intéressait aussi aux figurines de pierre façonnées en l'honneur des animaux. Il donnait la même chose pour toutes, sans en connaître la signification. Seul lui importait le fructueux commerce qu'il en ferait dans le Sud. Habile, il feignait toujours d'accorder une faveur en acceptant les produits. Cette hypocrisie blessait durement les Inuit soumis à son bon vouloir. Des commerçants encore moins scrupuleux payaient avec de l'alcool, et l'Inuk finit de perdre sa dignité.

« Les missionnaires nous enseignèrent leurs croyances, rejetant nos esprits pour les leurs. Mais les esprits du Blanc ne connaissaient pas les lois de mon peuple et leur doctrine nous perturbait. Plus tard, les gouvernements du Sud s'occupèrent aussi de notre sort, distribuant des avantages matériels pour que la vie d'ici ressemble à celle de là-bas. Mais quel secours pourra jamais recevoir le peuple qui vit depuis des temps incalculables sur la terre la plus inhospitalière qui soit, sans perdre en retour une partie de lui-même ?

« L'Homme blanc croyait aider les Inuit en imposant sa façon de vivre et de penser; il n'a réussi qu'à détruire un équilibre millénaire entre des hommes, des bêtes et un pays. Maintenant ils ne se connaissent plus. L'Inuk d'aujourd'hui ne respecte pas l'esprit de l'animal et son pays l'effraie. Les jeunes marchandent la terre avec les Blancs qui cherchent du pétrole, mais la terre ne leur appartient plus si leurs idées sont celles des Blancs. »

Amaamak détourna son regard vers la flamme. Sa voix blanchit lorsqu'il reprit :

— Bientôt il ne restera plus d'Inuit, je le sais. Des Blancs comme toi viennent ici recueillir les histoires anciennes avant que personne ne puisse plus les raconter.

Amaamak s'était tu.

Un silence épais emplissait l'igloo. Le vieil Inuk, figé comme un glaçon dans le pack, gardait pour lui seul les trésors de sa mémoire. Kingalik, des yeux, quêtait ma réponse, mais que dire qui puisse démentir les paroles de son grand-père ?

Comment se justifier de donner à un peuple des bienfaits, certes, mais au prix de ses joies profondes ?

De lui épargner la famine au prix de sa liberté de voyager ?

De lui apporter notre civilisation au prix de son indépendance ?

D'entretenir chez ses jeunes des illusions que leurs enfants, peut-être, verront se concrétiser?

Comment expliquer cela?

Comment dire à Amaamak que je pensais comme lui sans profondément décevoir Kingalik qui espérait tant des Blancs?

Il n'existait pas de réponse et mon silence fut interprété comme une dure blessure dont Amaamak, le premier, semblait consterné. Kingalik fit de son mieux pour l'excuser:

— Ne crois pas mon grand-père, il vit dans le passé. C'est la première fois qu'il parle ainsi à un étranger. Il ne cause de ces choses-là qu'avec les vieux comme lui. Il a toujours craint les Blancs.

Amaamak s'était levé et fouillait nerveusement dans le matériel entassé contre le *illiq*. Il en retira la boule de fourrure qui enveloppait la figure de pierre sculptée pendant la tempête.

Il me la tendit.

— Je te la donne, *Qablunaq*, emporte-la dans le Sud et souviens-toi, en la prenant dans tes mains, que c'est Amaamak qui l'a faite, le vieil Amaamak.

Plus encore que la joie, l'étonnement sans doute parut dans mon expression, car l'Inuk hocha plusieurs fois la tête pour confirmer son geste. Un sourire chaleureux éclairait sa face plissée, et la sculpture dans mes mains pesait cent fois son poids d'amertume envers ma propre race. Maintenant, la figurine ne possédait plus tout à fait les mêmes traits. Depuis que Amaamak avait déchargé son coeur, la face du loup, comme celle de l'homme, tantôt prenait un sens ou se voilait soudain, distordue par le secret de l'Inuk. Amaamak, qui m'observait, connaissait, lui, la nature de mon émotion. Il eut un mouvement de tête vers Kingalik pour lui demander de traduire :

— Pour les personnes comme pour les bêtes, il arrive que le vrai visage n'est pas celui que l'on voit. Quelquefois de mauvais esprits venus des hommes habitent le corps d'un animal inoffensif pour mieux tromper.

Puis, comme s'il craignait soudain d'avoir trop parlé, il s'étendit sur la banquette et disparut sous les couvertures de peaux. Kingalik et moi restâmes encore un moment pensifs, à regarder fumer la crête noire de la flamme. Ni l'un ni l'autre ne trouvait les mots pour entreprendre une conversation et, d'un mouvement brusque, mon compagnon éteignit le réchaud. La lumière mourut, comme il souhaitait que le fassent dans sa tête les paroles de son grand-père qui résonnaient encore sous le dôme de neige.

Chacun de nous continuait de les entendre et en recherchait le pourquoi.

— Depuis que je vois chasser mon grand-père, c'est la première fois qu'il manque un caribou à sa portée. Et refuse de le poursuivre, dit Kingalik, enfoui dans son sac. Et ces propos qu'il t'a tenus...

— Tu sais, partout les vieux se retranchent derrière leurs souvenirs pour refuser le plus long-temps possible la réalité.

— Et son inquiétude devant les traces d'un loup blessé !... Mon grand-père a trop peiné dans sa vie, la fatigue déforme ses pensées, ajouta-t-il en se tournant vers le mur de neige.

Avant de s'endormir, il se promit pour le lendemain de rechercher le caribou blessé, en espérant que
les loups ne le découvriraient pas entre-temps.

Amaamak ne dormait pas non plus. L'image du
grand loup blanc le harcelait à nouveau.

Une image fausse peut-être.

Quel pouvoir possédait ce loup?

Malgré ses traces non loin des caribous, la chasse
avait rapporté trois bêtes. Sa puissance n'atteignait
donc pas celle du chasseur. Ou bien elle l'ignorait.

Ce caribou, blessé exprès, était un magnifique
présent pour un loup solitaire et handicapé, offert au
prix de la dignité bafouée : en affichant une maladresse inhabituelle qui avait étonné Kingalik et déçu
sans doute aussi le *Qablunaq*. Lui surtout, qui voulait
connaître le vrai visage d'un chasseur arctique...

Un chasseur qui blesse son gibier et ne le poursuit
pas !

Il fallait s'en remettre à la fatalité.

L'âme du loup avait été dégagée de la pierre. La
propitiation, exécutée selon les coutumes anciennes,
n'appelait rien qui puisse l'améliorer. Rien qu'un Inuk
instruit par une vie de chasse ne doive ajouter à une
double et somptueuse offrande pour apaiser l'esprit
d'un loup.

Couché au milieu du *illiq*, rompu de fatigue, je
revivais moi aussi les péripéties de la journée, la
chasse, les traces, la soirée... Enfoncé dans mon duvet
recouvert de peaux, j'aurais pu douter d'être éveillé si
le froid humide n'avait restauré soudain la pleine
conscience. Les paroles d'Amaamak vibraient encore
et la lucidité de l'Inuk s'y reflétait, rayonnante et

brutale. Il m'avait offert sa sculpture malgré l'importance qu'elle revêtait pour lui.

« Peut-être, pensai-je, qu'il compte peu désormais que l'objet appartienne à un étranger. Amaamak en connaît le pouvoir, pas le Blanc, dépassé malgré la puissance de sa race par ces choses de la Nature qui lui seront toujours mystérieuses. »

Il me sembla tout à coup que le vieil Amaamak devait se sentir encore plus seul sans sa pierre verte à deux faces.

Le lendemain, nous nous réveillâmes de bonne heure et chacun crut avoir fait un mauvais rêve.

Le ciel opalin ne parvenait pas à s'élever au-dessus des collines, masses sombres, imprécises, campées à quelque distance impossible à évaluer dans le moment. La plaine aux caribous s'enfonçait dans un abîme de neige grise d'où le vent émergeait en rafales aux sifflements modulés quelquefois par les aboiements d'un renard. Les chiens, en percevant nos pas, se levèrent sans hâte puis, avec application, remirent en état leurs muscles et leur fourrure.

Des loups, au loin, hurlaient leurs lugubres appels.

Kingalik prit sa carabine et dit à son grand-père que nous allions tous deux à la recherche du caribou blessé.

Amaamak ne répondit rien.

Son regard se perdait dans la pâleur du jour naissant.

9

Amaroq
Le loup

L'animal se tenait immobile. Majestueux. Dressé sur le sommet d'une colline, il regardait disparaître deux hommes pressant le pas. Les craquements de la neige lui parvenaient encore que la pointe de leurs capuchons se noyait dans un rideau laiteux.

Le vent courbait l'extrémité de ses longs poils, à peine moins blancs que la neige, mais nuancés près du duvet de teintes grises et brunes. La queue touffue prolongeait son corps de moitié et, sans se dresser haut ni se rabattre entre les pattes, elle révélait celui qui ne doit subordination à personne. Qui ne commande pas non plus, n'appartenant à aucune bande.

Un solitaire.

Dans un pays aussi désolé.

Menant à son point d'observation, des traces creusaient par endroits la neige moins tassée. De larges empreintes fortement accusées, sauf une, réduite à un effleurement quelquefois.

Celle de la patte avant droite.

L'épaisseur de sa fourrure dessinait comme un collier autour de son cou puissant, affinant la tête malgré les joues hérissées de poils longs et drus qui rejoignaient ceux de la gorge. Deux courtes oreilles arrondies, tendues vers les plus subtils bruissements, émergeaient à peine de la toison immaculée de l'encolure. Seul le nez se dégageait vraiment du pelage, mince et allongé, piqué de moustaches clairsemées aux crins noirs et raides. La truffe sombre, desséchée par le froid, frémissait à la moindre senteur que dépistait la brise. Sous les babines légèrement dentelées de givre se cachait la redoutable denture, mais l'air paisible de la bête ne laissait pas supposer qu'elle fût dangereuse. Deux yeux jaunes comme l'or, sensiblement obliques, éclairaient cette face velue d'une tranquille audace. La ruse et l'intelligence s'y inscrivaient en lueurs vives dans le regard exercé à fouiller les brumes neigeuses de la toundra d'hiver. Le corps à peine affaissé à l'arrière avantageait un robuste poitrail que prolongeaient des pattes aussi grosses que le bras d'un homme, sans pour autant alourdir l'allure élancée qui respirait la force et la détermination.

Beau et superbe, le loup observait les environs.

L'aube blafarde perdait lentement du terrain à mesure que le soleil se frayait un difficile chemin au-delà des espaces infinis. Sans espoir toutefois de pouvoir apporter plus qu'une clarté malingre sur un pays que l'interminable hiver ne libérerait pas encore.

Mais les yeux de l'animal pouvaient voir sans le secours du soleil.

Là-bas, dans le fond de la pente, l'homme marchait le long de son campement. Ses chiens se recouchaient, maintenant qu'ils avaient vu les chasseurs s'en aller à pied. Ils ne pouvaient rien faire d'autre au bout de leur chaîne. Leur chef se tenait assis, comme pour veiller sur la meute.

L'homme rentra dans l'igloo.

Le loup s'accroupit gauchement car son épaule estropiée supportait mal ce mouvement.

Il lui fallait attendre.

Encore attendre. Mais la patience ne manque pas à un loup solitaire.

La patience et le courage.

Ce caribou blessé aperçu dans la plaine et calmement pisté dans l'attente que ses forces défaillantes ne lui permettent plus d'entreprendre une course insoutenable lui avait échappé de justesse, découvert entretemps par une bande en chasse qui eut tôt fait de l'achever et de le dévorer. Il ne restait après leur passage que la peau déchirée, et si peu de viande après les os que seuls les corbeaux y trouvèrent leur pitance. Même la neige autour gardait à peine le goût du sang. Une proie pourtant comme il n'en espérait plus depuis longtemps, belle et accessible, propre à le réconcilier avec la vie, si pénible depuis quelques hivers.

La patience, le courage et l'humilité aussi.

Avant, il était chef de bande, puissant et respecté. Aucun mâle ne se risqua jamais à le défier. Au contraire, on lui témoignait souvent des marques d'affection par ces cérémonies où tous les membres du groupe spontanément l'entouraient en le bousculant gentiment, frottant leur fourrure à la sienne, le léchant pour lui signifier leur attachement, et les queues battaient de joie tandis que les hurlements fusaient en son honneur. À présent, il se trouvait réduit à rechercher les carcasses abandonnées par les autres, en laissant sur son passage des traces identifiables entre toutes dans la région. Des traces qui disaient à tous que le chef admiré de jadis vivait maintenant comme un renard.

Les renards autrefois se régalaient de ses restes, lorsqu'il menait sa bande à la recherche des caribous. De longues marches souvent, mais qui croisaient toujours une bonne piste. Alors, sitôt le gibier en vue, il jaugeait ses capacités et organisait la chasse, désignant les rabatteurs et ceux qui resteraient embusqués. Puis, le premier, il s'élançait à sa poursuite et dirigeait l'assaut, malgré les dangereux andouillers et les sabots coupants. À la fin, lorsque l'animal terrassé battait l'air de ses pattes démesurées, il lui portait au cou la morsure finale. Le caribou tressautait encore des ultimes spasmes nerveux que tous les loups s'écartaient de quelques pas pour laisser le chef et sa femelle, en grands seigneurs, commencer leur repas. La gorge, la langue, le cœur, les poumons, les reins avaient la préférence. Les subordonnés les voyaient disparaître en grognant d'envie et d'impatience, mais sans jamais essayer de se les approprier. Lorsque le couple souverain se retirait, tous bondissaient pour calmer leur faim.

L'homme chassait le même gibier et les loups préféraient lui céder la place, ayant appris très jeunes à toujours s'en méfier, au temps où les parents enseignent sous les aspects du jeu les premiers rudiments de la poursuite et du camouflage. Le seul bienfait qu'ils espéraient de leur concurrent, au moment où les caribous traversaient la contrée en grand nombre, était que, dans sa maladresse, l'homme blessât beaucoup de bêtes qui deviendraient alors des proies faciles. Mais il arrivait aussi que ces mêmes chasseurs négligents, en retrouvant plus tard les carcasses dévorées, accusent les loups de gigantesques massacres et les pourchassent impitoyablement.

Leur imagination alors ne connaissait pas de limites. Pas même l'immensité des steppes arctiques où, kilomètre après kilomètre, il fallait repousser les bornes du territoire de la bande et définir les nouvelles frontières en aspergeant d'urine des pierres, des touffes d'herbe, des arbustes. D'autres utilisaient aussi ces jalons pour avertir des dangers et renseigner en déposant avec leur odeur les nouvelles de la région d'où ils venaient. Ces informations précieuses et sûres permettent aux loups de déjouer bien des traquenards que ne peuvent éviter des carcajous, des renards, des oiseaux moins organisés et plus sensibles aux tentations de l'homme. Des pièges aux mâchoires d'acier attendent quelquefois les informateurs à ces postes de renseignement, dissimulés sous la mousse ou la neige. Mais la senteur humaine les trahit le plus souvent, tout comme sur le haut des talus, sur les pointes de terre s'avançant dans les lacs, les gués des rivières, où les loups savent que les trappeurs essayent de les surprendre.

Pendant l'hiver la nourriture devient rare, plus difficile à obtenir, et la faim parvient à émousser la prudence des prédateurs. Les hommes alors ajoutent à leurs pièges de diaboliques inventions comme le *saonneruti*, consistant à placer dans une boule de graisse et de sang un long éclat d'os soigneusement appointé aux deux bouts et roulé sur lui-même. On maintient l'os avec un tendon, le temps que la graisse gèle et fasse échec à son élasticité. Ensuite il ne paraît plus. Lorsqu'un animal découvre la boule placée dans un endroit propice, il l'avale sans la mordre à cause de sa petite taille et doucement la graisse va fondre, jusqu'à libérer l'os pointu qui se détend et perfore l'estomac. Une mort lente s'ensuit, dans des douleurs terribles. Il ne reste aux trappeurs qu'à suivre les traces pour retrouver leur victime et lui prendre sa peau. Le glouton se laisse abuser plus souvent que le loup par cette traîtrise.

Le plus grand danger pour *Amarok* reste le *savikaok*, un simple morceau de tibia de caribou, solide et bien tranchant, placé au centre d'un petit trou rempli de sang. Le gel fixe l'os qui dépasse à peine. Lorsqu'un loup flaire le sang et veut le lécher, il s'entaille la langue sur la pointe coupante. Le goût plus précis encore l'incite à nouveau. Une autre lacération en résulte, qui libère davantage de sang et l'excite de plus en plus. Jusqu'à se couper et saigner ainsi à en perdre la vie. L'homme n'a même pas à le rechercher, il lui suffit de retenir l'emplacement des *savikaot*.

Quelques Inuit cependant savent que le loup ne nuit pas à leur chasse. Son gibier à lui ne compte que les plus faibles d'un troupeau, que bien souvent le chasseur ne voudrait pas tirer, s'il pouvait les identifier. Mais, malgré leurs tares, ces bêtes demeurent cependant hors de portée d'un loup solitaire et handicapé.

De son promontoire, le grand loup blanc surveillait toujours le campement, où toute activité semblait éteinte. L'homme restait à l'intérieur de son igloo et les chiens repliés sur eux-mêmes devaient somnoler.

Il saurait patienter.

De temps en temps, il tournait la tête et dressait le nez pour saisir les messages du vent, mais l'odeur de l'homme et des huskies restait la seule perceptible à la ronde. Ses yeux jaunes creusaient un peu plus loin la blancheur fade du paysage et rien n'en troublait la monotonie. À travers les sifflements aigus de l'air perçaient les hurlements lointains, à peine audibles, d'une bande en route pour la chasse.

Il n'aimait plus entendre ces longues conversations à distance où les groupes échangeaient des renseignements sur le passage des caribous, leur direction, la présence d'intrus. Une certaine honte l'empêchait de mêler sa voix aux leurs depuis qu'il avait perdu toute possibilité de participer à la traque. En plus, il craignait que les Inuit, qui quelquefois parviennent à déchiffrer des fractions de message, n'apprennent eux aussi que sa puissance n'existait plus.

Son silence l'enfonçait davantage dans la solitude et ravivait cruellement ses souvenirs.

La dernière fois, sa femelle lui donna quatre petits au pelage sombre qui s'éclaircirait avec les mois. Les ressources du territoire ne permettaient pas à la troupe de s'accroître trop sensiblement et, cette année-là, seul le couple souverain conserva le privilège de se reproduire. Tous cependant accueillirent avec joie ces nouveaux venus, objet d'une véritable vénération. Dès les premières chaleurs de l'été, quand la terre dégèle de quelques centimètres, une vie nouvelle s'empare de la toundra. Des centaines d'espèces d'herbes et de fleurs saisissent la chance d'étaler leur tapis multicolore dans chaque vallée, au flanc des collines les plus ravinées, sur la mousse des rochers... Ce renouveau, riche d'une vigueur contenue de longs mois sous la neige, nourri par un soleil qui ne se couche plus, réjouit quantité de petits animaux qui s'activent pour profiter au mieux de l'éclipse du froid. C'est l'époque où les louveteaux apprennent à chasser. Dans cette nature exubérante, les proies faciles abondent et les loups doivent enseigner comment les surprendre en ménageant ses efforts. Néanmoins, la chasse restait encore un amusement pour les petits. Capturer les souris cachées dans les herbes, dénicher *Siksik* l'écureuil de terre, effrayer les perdrix dissimulées dans la rocaille, pousser les grands brochets dans l'eau peu profonde où les parents pourront les saisir, tout cela occupait leurs journées entières et les préparait à la lutte dans un monde où seuls les forts subsistent. Mais l'appétit d'un loup ne se satisfait pas de gibier si menu. Le couple partait souvent chasser des proies plus consistantes, laissant sa progéniture à la garde d'un membre de la bande ou, plus rarement, sans surveillance. Un matin, à leur retour, il ne restait que deux louveteaux dans la tanière. Les autres, curieux et imprudents, avaient subi les foudres d'un carcajou dont ils pensaient que les petits partageraient leurs jeux. Aux survivants, le grand loup blanc et sa femelle enseignèrent aussi à se méfier de certains animaux. Et surtout à beaucoup craindre l'homme.

L'été arctique est court. Lorsqu'en automne les grands troupeaux de caribous quittèrent la toundra pour les forêts du Sud, les deux louveteaux participèrent à la chasse, apprenant à ne pas s'épuiser dans des poursuites sans issue, s'initiant à distinguer dans une harde l'animal affaibli ou handicapé plus facile à rejoindre, se pliant aux règles immuables de la bande, où chacun a sa place et doit la bien tenir pour le salut de tous.

Puis vint l'hiver.

Le long hiver qui blanchit la terre et le poil des bêtes. Jusqu'au plumage des oiseaux, à l'exception du corbeau, éternellement triste. Les caribous restés dans la toundra deviennent plus méfiants, la concurrence de l'homme plus précise. Sa menace aussi.

Il arrivait souvent de parcourir de grandes distances pour ne trouver que des lièvres arctiques, agiles et rapides, et découvrir enfin un petit groupe de caribous que quelquefois l'homme et ses chiens poursuivaient déjà. Il fallait chercher ailleurs ou bien, si la fatigue et la faim l'imposaient, attendre en espérant quelque maladresse du chasseur qui favoriserait la capture d'une proie.

C'est dans des conditions semblables que les louveteaux découvrirent à la fois l'homme, la faim et l'épuisement.

La déception de voir leur gibier face à d'autres prédateurs faillit bien leur faire oublier la prudence apprise tout l'été. Dans les traces de leurs parents, ils suivirent à distance, guettant cet animal inconnu et les caribous tant convoités, prêts à poursuivre le premier qui, blessé, pourrait être rejoint. Mais leur concurrent chassait bien, il en tua trois qu'il chargea sur son traîneau. Les autres déjà disparaissaient vers un lac gelé où toute course était perdue d'avance.

Les quatre loups pistèrent l'homme, sachant qu'il devrait s'arrêter pour la nuit.

Lorsqu'il commença à bâtir son igloo, ils l'observaient d'une hauteur. Tapis dans la neige à quelques dizaines de bonds à peine, ils attendaient un moment favorable. Les chiens terminaient leur repas, le craquement des os sous leurs mâchoires amenait un afflux de salive dans la gueule des loups affamés. Encore un peu de patience et l'estomac cesserait ses tortures. Les chiens connaissaient leur présence, même s'ils se couchaient paisiblement, maintenant rassasiés. Deux seulement cherchaient à identifier l'odeur avec plus de précision. Les Inuit, pour améliorer la qualité de leurs attelages, laissent à l'occasion une femelle en rut partir à la rencontre des loups, et ses petits, tout en possédant la force et l'intelligence d'*Amarok*, s'apprivoisent comme des huskies. Ils conservent cependant beaucoup d'affinités avec le loup et souvent ne révèlent même pas sa présence lorsqu'ils le sentent tout près d'eux. Par soumission devant ce congénère qui a su préserver sa liberté. Ou par complicité.

L'homme ne paraissait pas inquiet. Il surveillait de temps en temps les environs, mais, dans la nuit tombante, son regard restait sans effet. Un enfant dormait contre les caribous abattus. Les loups ne lui voulaient aucun mal car ils savent que l'homme, comme eux-mêmes, adore ses petits et les élève avec autant de soins. La viande uniquement les intéressait, les plus gros morceaux possible, avant que le chasseur ne réagisse.

À présent il posait le toit de son abri. Ensuite il en ferait un autre pour protéger son gibier.

L'instant ne serait jamais plus propice.

Le chef avança à demi levé, précautionneusement, suivi par sa femelle et les louveteaux. Les deux chiens, assis non loin, les observaient sans bouger. La viande était tout près maintenant, fraîche et odorante, à peine durcie par le froid. La récompense d'une longue chasse harassante. Mais comme leurs crocs s'enfonçaient dans la chair rouge, avant même qu'un quartier pût être tiré à l'écart et que sa saveur n'en vienne picoter les langues, l'homme les foudroyait dans un bruit assourdissant. La femelle et un petit d'abord. Puis un trait de feu déchira l'épaule du mâle. L'autre louveteau tomba à son tour.

Le grand loup blanc courut le plus longtemps possible, malgré la douleur et le sang qui coulait le long de sa patte.

À bout de forces, il s'effondra dans la neige et essaya avec sa langue d'empêcher le peu de vie qui lui restait de l'abandonner tout à fait.

L'homme venait de tout lui prendre, sa famille et peut-être sa vie. Lui, pourtant, ne désirait qu'une part d'un gibier qui appartient à tous.

La neige poudreuse, sous les rafales, pénétrait la fourrure du loup à l'affût et lui masquait par moments le campement. Il redoublait alors d'attention, mais rien ne bougeait là-bas. Les chiens dormaient, à demi recouverts, et l'Inuk ne sortait pas de son igloo. Aucun indice alentour qui pût intriguer ses sens en alerte.

Le pays semblait désert.

Et pourtant!

Après le drame, il dut apprendre à vivre autrement. La blessure se referma mais son épaule ne s'articulait plus comme avant. Si la force subsistait, la raideur interdisait toute course rapide. Blessé dans sa chair, il l'était bien davantage dans son honneur. Ce cruel échec lui défendait de reparaître devant la bande. À ce point diminué il n'en pouvait demeurer le chef, et devenir subordonné l'eût humilié plus que tout.

Il ne lui restait que la solitude. Par fidélité à sa femelle aussi.

La chasse se pratique différemment lorsqu'on est seul, les ambitions doivent s'effacer devant la faiblesse des moyens. Même un caribou fatigué parvient aisément à s'échapper. La ruse doit pallier l'énergie disparue. Si la patience l'accompagne, le succès récompensera peut-être l'effort. Le rapide gibier, que jadis sa bande poursuivait à travers les plaines, possède aussi d'appréciables faiblesses. Son goût immodéré pour le sel par exemple, qui réduit sa méfiance au point de l'éloigner du troupeau et de l'attirer vers un bloc d'urine gelée qu'un loup aura pris soin d'accumuler dans un endroit choisi. Dissimulé à proximité en évitant soigneusement les traîtrises du vent, il peut espérer abattre seul l'imprudent. S'il échoue, il devra continuer une chasse plus modeste autrefois indigne de lui, et son gibier sera celui du renard, trop lent à satisfaire sa faim. Si lent que sa vie se partagera entre la chasse et le sommeil.

La chasse et le sommeil!

Mais que faire d'autre sans femelle à aimer, sans petits à élever? Sans une famille qui donnait une autre dimension à la chasse elle-même?

L'homme a détruit tout cela.

Aucune bête dans ces contrées inclémentes ne tue pour autre chose que se nourrir. C'est la loi. Et tous vivent en harmonie en la respectant.

Seul l'homme passe outre.

Et jamais il ne fut puni pour son insolence.

Le grand loup blanc redressa légèrement la tête. Au-dessus de ses yeux la peau se fronça, dessinant trois rides dans les poils hérissés. Ses oreilles pointées se détachèrent davantage de la volumineuse fourrure de l'encolure. Un imperceptible mouvement raidit chacun de ses muscles : l'Inuk sortait de l'igloo.

Amaamak s'occupa d'enlever du traîneau la neige qui n'en laissait paraître que l'avant, mystérieusement épargné par les tourbillons. Du pied il repoussait la fine poudre glissant sur le poil de ses bottes sans parvenir à s'y fixer. Les craquements de ses pas réveillèrent les chiens, qui n'espéraient plus de sursis maintenant et redonnaient, par de laborieux exercices, souplesse et vie à leurs pattes et leur corps en prévision du départ.

Un vent léger traçait sur la neige des courbes incohérentes, sans cesse déformées, toujours renouvelées, jusqu'au bout de son souffle inconstant. L'aurore s'attardait dans le clair-obscur, s'efforçant d'annoncer un jour qui n'accorderait pas tout son éclat. Un jour qu'un soleil trop faible ne pourrait réchauffer.

Après avoir glacé les patins, Amaamak refixa la caisse à l'arrière du traîneau puis déposa quelques ustensiles à l'intérieur, ne laissant dans l'igloo que le réchaud et la bouilloire pour le thé. Les couvertures de peaux et les sacs de couchage s'étalaient pêle-mêle parmi les couteaux à neige, les lanières de phoque, les harnais, la carabine...

Le loup, de son observatoire, suivait attentivement chaque geste de l'Inuk.

Amaamak ne tenait pas à s'attarder dans ces parages, à présent que la chasse n'y présentait plus d'intérêt. Il voulait visiter un autre endroit avant de rentrer à Igloolik et souhaitait partir dès que Kingalik et le *Qablunaq* reviendraient de leurs recherches. Sans succès, il le savait. Il allait charger la chasse et le matériel sur le *kamotiq* pour gagner du temps.

La cache à viande elle aussi disparaissait d'un côté sous une congère finement arrondie pour se confondre avec les blocs du dessus. Amaamak les décolla à coups de couteau, les retira, puis défonça la niche sur toute une longueur pour en saisir plus facilement le contenu. Le froid rendait la chair dure comme glace mais le poil conservait la douceur de la peau vivante. La carcasse largement entamée s'était collée à la fourrure de l'animal intact. Amaamak la dégagea en arrachant de larges touffes claires. Dès qu'elle tomba sur la neige, les huskies se dressèrent en jappant. Les connaissant bien, Amaamak n'espérait pas de tranquillité tant qu'il ne distribuerait pas un morceau à chacun, bien qu'ils aient mangé la veille. Des cris et des coups freineraient leur envie bien sûr, mais l'Inuk ce matin se sentait généreux envers ceux qui partageaient sa solitude du moment, comme ils le faisaient bien d'autres fois. À la hache, il trancha la carcasse en trois quartiers et divisa l'un en onze morceaux. Après la distribution, les cris cessèrent. Des grognements sourds interrompaient de temps en temps le bruit des crocs grugeant la viande gelée, parfois trop grosse pour être avalée d'un coup.

Le grand loup blanc promena sa langue sur ses babines givrées et les réminiscences d'une saveur oubliée emplirent sa gueule de salive. Un instant il envia le sort des huskies, mais des souvenirs cruels le rappelèrent à la raison. Il se détourna des chiens.

L'homme plaçait le caribou entier sur son traîneau. Plusieurs quartiers de viande rosée s'empilaient au fond de la cache et deux autres gisaient à côté. Avec une lanière de peau il fixait la bête sur la plate-forme, mais des noeuds entravaient le passage sous les traverses. Il retira ses gants et tenta de les défaire. En vain. Le gel les avait soudés. L'Inuk alors détacha complètement la courroie et rentra avec dans son igloo. En passant, il prit aussi les harnais emmêlés et collés par le froid.

C'était le moment.

Prudemment, le loup quitta son observatoire. En veillant à ne pas se détacher sur la crête, il descendit de la colline par le versant caché à l'homme et à ses chiens. Longuement il sentit l'air, puis fit un large détour qui l'éloignait du campement mais le plaça bientôt en ligne droite avec l'igloo qui le dissimulait aux huskies.

Le vent lui apportait leur odeur et le craquement des os sous leurs dents.

L'odeur de l'homme aussi.

Il avançait lentement, écrasé sur la neige pour mieux s'y confondre. Son épaule droite devenait très douloureuse dans cette position et chaque mouvement crispait ses mâchoires.

Les rafales lui lançaient aux yeux les cristaux pointus, mais leurs piqûres n'avaient pas la force de distraire son regard de cet igloo abritant l'homme, à côté d'une cache éventrée dont la viande n'intéressait même plus les chiens.

Il s'arrêta quelques secondes, croyant que sous sa patte endolorie la neige craquait aussi fort que sous le pied d'un caribou. De tous ses sens tendus, il confia au vent sa crainte de se voir découvrir. Les gémissements familiers et les longues plaintes sifflantes apaisèrent son inquiétude. Sa souffrance s'adoucit un peu, demandant une prolongation de cette pause bienfaisante, mais chaque seconde perdue pouvait ruiner son plan.

Il reprit son avance furtive.

Le campement n'était plus qu'à une cinquantaine de bonds; cependant le loup continua sagement à ramper. Il ne voulait pas éveiller de soupçons chez les chiens qui, même sans aboyer, avec des attitudes ou des bruits infimes pouvaient révéler sa présence au chasseur. Il ne voyait pas l'entrée de l'igloo, presque à l'opposé, face aux huskies, mais si proche à présent que le moindre mouvement de l'homme ne pourrait lui échapper. La neige, qui courait par vagues en s'incrustant dans ses longs poils blancs, saurait le soustraire au regard le plus perçant.

Du moins jusqu'à une certaine distance.

Trente bonds maintenant.

En s'écartant un peu de sa piste, il apercevait, dans l'intervalle séparant l'igloo de la cache, le traîneau et les huskies derrière, toujours occupés à rogner leur morceau de caribou. Aucun ne soupçonnait sa présence. Une fois seulement l'odeur des chiens et de l'homme avait mobilisé si fortement son attention. Le souvenir qu'il gardait faillit bien le détourner de son but, mais il maîtrisa ses craintes et lutta de toute sa détermination pour mener à bout son dessein. L'instinct, plus fort, l'emportait. Tout son être, perturbé par l'image de sa famille massacrée et la proximité de l'homme, se concentrait sur la prudence, seule attitude qui pût contenir son avidité. Aucune chasse ne lui valut jamais pareille tension.

L'odeur se précisait de plus en plus.

Peut-être aussi que le vent grossissait.

Dix bonds à peine.

À mesure qu'il se rapprochait, il s'aplatissait un peu plus. Son ventre frottait la neige et son épaule le faisait souffrir davantage, mais ses préoccupations le distrayaient de la douleur.

Il était arrivé près de l'igloo.

Tout contre le mur.

Tout contre l'homme derrière.

Aucun bruit anormal. Les chiens pourtant proches ne pouvaient le remarquer et son odeur fuyait à l'opposé. Il se releva pour dégourdir sa patte endolorie. Sa respiration saccadée projetait de petits nuages de buée. Il s'efforçait d'en régulariser le rythme, de calmer les halètements qu'il étouffait de son mieux, mais son coeur battait encore si fort qu'il craignit que l'homme n'en perçût les palpitations à travers la paroi neigeuse.

Bondir maintenant ?

Non, les chiens aboieraient sous la surprise. Plutôt ramper encore et leur cacher sa présence le plus longtemps possible.

Le trajet était court, qui séparait le grand loup blanc de son objectif, mais une dernière appréhension en multipliait la longueur par autant de soudaines réticences difficiles à réprimer.

Pourtant, tout ce chemin parcouru, cette patiente approche, et l'instinct qui poussait, qui donnait confiance.

Le loup s'écrasa à nouveau sur la neige et le mouvement imposé à son épaule faillit lui arracher une plainte. Il attendit quelques secondes que la douleur s'atténue, huma l'air une ultime fois et reprit sa progression.

Au même instant, un corbeau venu de nulle part passa dans le ciel en lançant ses cris rauques. Le loup s'immobilisa de crainte qu'il ne le fasse découvrir, les signes de vie sont si rares en hiver. Confondu à la neige, il suivait des yeux l'oiseau noir qui n'en finissait pas de traverser en croassant, mais seuls les chiens s'y intéressaient. Lorsque les huskies revinrent à leurs os, le loup sentit ses muscles se relâcher un peu. Il continua d'avancer.

En quelques pas étouffés, il atteignit l'ouverture pratiquée sur le côté de la cache à viande. Tout près de celle de l'igloo. Alors là, les muscles bandés, toute sa puissance ramassée, levant insensiblement les yeux pour surveiller les chiens, il ouvrit large la gueule et s'empara du plus gros quartier de caribou que l'homme avait découpé.

En resserrant ses crocs sur la viande, il éprouva une grande chaleur. Comme au temps où une chasse fructueuse récompensait de longues et exténuantes poursuites.

Il s'apprêtait à s'enfuir avec son butin lorsque Amaamak sortit de l'igloo, les harnais à la main.

Sous la surprise, l'homme et le loup s'arrêtèrent, pétrifiés par la même terreur. Leurs regards s'étaient soudés. Les yeux d'or de l'animal ne fuyaient pas la vue aiguë de l'Inuk.

Amaamak reconnut aussitôt le grand loup blanc. Il ne l'attendait plus.

Le loup, lui, se trouvait seulement paralysé par la présence d'un homme.

Il fallut que Amaamak lâchât les harnais et se précipitât sur sa carabine pour que le loup échappât à l'hypnose.

Un éclair traversa son esprit, remettant en mémoire ce même geste qui un jour précéda un désastre. Un jour semblable, où la faim le poussait vers l'homme. Sans autres intentions que de prendre sa part du gibier commun. Un geste qui appela le sang et bouleversa son existence. Une douleur à l'épaule le lui redisait sans cesse depuis.

Sauf peut-être à cet instant.

Alors le loup bondit avant que l'homme ne lance son tonnerre meurtrier.

Un bond prodigieux dont il ne croyait plus ses pattes capables, et qui le projeta sur l'Inuk, les crocs à découvert.

Sous le choc, Amaamak tomba à la renverse. Sa carabine vola en l'air et la gueule de l'animal se referma sur sa gorge, par-dessus l'épaisseur du parka. Dans sa chute il s'agrippa au cou du loup et serra de toutes ses forces.

La lutte dura une éternité.

Une vie.

Amaamak enfonçait ses doigts dans la fourrure pour atteindre les chairs tendues. En devinant le duvet, il pressa plus fort. Le loup grogna et le vieil Inuk crut étreindre sa propre gorge. Le poids de l'animal lui écrasait la poitrine. Son souffle chaud se mêlait à ses râles. L'air déjà ne parvenait plus à son visage.

Même le vent glacial s'esquivait.

Amaamak concentrait ses dernières énergies dans ses mains, avec l'ultime espoir qu'elles retiendraient sa vie. Mais plus ses doigts se crispaient, mieux il sentait au bout battre une autre vie, plus puissante, qui réchauffait la peau qu'il déchirait. Ses yeux s'embrouillaient et déjà ne distinguaient plus le loup. Dans son esprit, d'autres traits se formaient. Comme si la bête avait retiré un masque, une face d'homme apparaissait à présent.

La face d'un homme blanc.

Un visage sans générosité, dominé par l'ambition de façonner l'Inuk à son image. En s'aidant des moyens les plus vils. En le rendant tributaire de son commerce, en remplaçant ses croyances et ses lois, en chassant de lui le respect de la nature, en bafouant son passé. En lui préparant un avenir d'étranger dans son propre pays.

C'est ce Blanc-là qui étouffait Amaamak et son peuple, et sa prise, plus puissante que celle du loup le plus fort, n'aurait de cesse tant qu'il resterait des Inuit pour regretter la vie d'autrefois.

Avant de mourir, Amaamak se sentit fier de n'avoir jamais pactisé avec les Blancs.

Fier d'être resté un Inuk.

Le loup se redressa et mordit la neige à plusieurs reprises pour chasser de sa gueule le goût d'un sang nouveau qu'il n'aimait pas.

Il regarda l'homme étendu et s'aperçut soudain que les huskies aboyaient, au bout de leur chaîne. Ayok menait le clabaudage, fort de son autorité de chef et de ses sentiments envers Amaamak, mais l'attache faisait désespérément échec à ses bonds les plus furieux.

De son regard jaune, le loup domina la meute, qui cessa de crier. Alors, bien droit sur ses pattes, la crinière dressée, il rejeta la tête en arrière et tira du fond de lui-même un hurlement terrifiant que le vent emporta au bout de la toundra. Les huskies effrayés se plaquèrent sur la neige. Même Ayok sentit son poil se hérisser.

Aucun écho ne répondit, car aucun loup dans le pays ne connaissait le sens de ce cri.

Le grand loup blanc saisit dans sa gueule le quartier de caribou abandonné tout à l'heure et reprit le chemin de la colline.

Les chiens silencieux le regardaient s'éloigner.

La neige gardait les traces de sa vieille blessure.

10

Ayornarman
C'est la vie !

D'aussi loin qu'ils nous aperçurent, les huskies se mirent à japper. Dans les aboiements perçait une impatience qui nous surprit. Il n'était pas dans leurs habitudes de manifester pareille attention à notre égard.

— Ils sont pressés de partir, dit Kingalik, Amaamak a dû préparer le traîneau.

Le vent soufflait en rafales dans notre dos comme pour approuver l'intention des bêtes.

Et puis soudain, Amaamak étendu sur la neige. Nous nous précipitâmes.

Les chiens s'étaient tus, attentifs à nos mouvements.

Le froid déjà complétait l'oeuvre de la mort. Le corps du vieil Inuk gisait raide et glacé, le visage blême parmi la fourrure du capuchon. Le regard à jamais figé dans une expression d'épouvante. À son cou, un peu de sang gelé collait la peau du parka légèrement déchirée. Si peu qu'il fallait écarter les poils pour s'en apercevoir.

Et puis rien d'autre.

Aucune morsure.

Sa carabine dans la neige, à portée de la main.

— Un ours! s'écria Kingalik. Pendant que les chiens dormaient, il a surpris Amaamak... Non, les traces... Des loups! Des loups!

— Regarde, Kingalik, les mêmes empreintes que sur la crête hier!

Mon compagnon les examina à peine.

— Oui, les mêmes, dit-il fébrilement. Un loup blessé. Poursuivons-le, je veux venger mon grand-père.

— Nous pourrions atteler les chiens et...

Mais il ne m'entendit pas, parti déjà le long des traces, la carabine à la main.

Sa course ne le conduisit pas très loin. Les marques rapidement devenaient invisibles, effacées par le voile de neige sans cesse en mouvement sur la surface croûteuse. Dans les dépressions subsistait toujours, à intervalles réguliers, le coussin d'une patte faiblement creusé. Trop mince indice pour constituer une piste.

Le vent protégeait la retraite du loup.

Kingalik articula quelques mots dans sa langue. Sans doute n'attendait-il pas de réponse. Il chercha une autre indication, un signe qui orienteraient ses pas et ses pensées, mais la neige, si indiscrète parfois, n'était alentour qu'une virginité désolante où seul le blizzard trouvait le sens de ses cheminements les plus inattendus.

Il en parut à peine déçu. Son ardeur tombait à mesure que la mémoire ranimait les images alors négligées de son grand-père penché sur les traces du loup blessé, sur la crête, dans la plaine, le visage grave d'un mystère que lui seul connaissait.

Silencieux, nous revînmes au campement, absorbés par des réflexions dont voulaient nous distraire les craquements de la neige sous nos bottes, d'une ampleur soudain démesurée.

Kingalik, cette fois, s'attarda sur les traces du combat. Mieux dessinées autour d'Amaamak, elles n'étaient cependant que griffures et piétinements n'expliquant rien de plus que le sang collé aux poils du parka. À quelque distance on remarquait, discrète, l'empreinte de chacune des pattes. Kingalik s'accroupit longuement au-dessus, surtout sur la moins profonde. À côté elles se rapprochaient, groupées en deux marques symétriques beaucoup plus prononcées : la poussée d'un bond. Un bond immense que le regard suivit pour retomber sur le vieux chasseur étendu. On chercha à nouveau parmi le peu d'éléments que laissait persister le vent.

Mais rien.

Pas la moindre piste.

— Une chose est certaine, dit Kingalik, il s'agit d'un seul loup.

— Un loup isolé ?

— Oui. C'est étonnant, ils chassent toujours en bande l'hiver.

— Et les chiens ? Ils ont bien dû l'éventer et prévenir Amaamak ?

— Pas forcément, dit-il en s'approchant d'eux.

Les huskies nous observaient avec insistance. Quelques-uns conservaient encore jalousement un morceau d'os entre leurs pattes.

— Ces os ne sont pas d'hier, dit Kingalik. Les chiens ont mangé récemment. Pourtant Amaamak ne les nourrit jamais le matin!

Il se retourna alors vers la cache. La neige s'infiltrait par le côté abattu, saupoudrant la viande entassée. Plusieurs quartiers, dont un d'ours. Un autre, jeté parmi les blocs à quelques pas. Le caribou entier posé sur le traîneau n'était pas encore attaché. La poudrerie pénétrait sa fourrure à l'envers du poil.

— Oui, Amaamak a bien servi ses chiens! dit Kingalik.

— Tu te rappelles la quantité de viande empilée hier?

— Pas vraiment, il faisait sombre et c'est Amaamak qui a fait le découpage, mais il me semble qu'il y en avait plus.

Maintenant il examinait cette viande proprement coupée, tranchée net à la hache. Ce caribou intact ne portait d'autre plaie que la marque d'une balle dans le cou.

Aucune trace de loup de ce côté.

Sans se relever, Kingalik promena plusieurs fois son regard de la cache enneigée aux huskies, mais il butait toujours sur le corps de son grand-père.

Le jeune homme secoua la tête, dépité, impuissant à résoudre l'invraisemblable problème.

Il s'approcha lentement d'Amaamak, s'agenouilla près de lui, le contempla un moment puis écarta son parka. Un lacet de fine peau dépassait sous la fourrure. Kingalik le tira délicatement et ramena quatre crocs de loup traversés à leur base.

L'amulette du vieil Inuk.

Pour lui donner les qualités d'*Amaroq*, le loup.

Un grand trouble envahit Kingalik, qui agitait dans son esprit les gestes et les paroles de son grand-père sans qu'il puisse en saisir le sens. Il essayait de revivre chaque instant du voyage où des loups de quelque façon l'inquiétèrent : la bande sur la piste le deuxième jour, leurs traces avant, les empreintes irrégulières... Et ce regard lourd à chaque fois. Et la pierre sculptée pendant la tempête, qui aurait dû représenter un caribou ! Sa mémoire n'en avait pas retenu davantage, et l'étonnement d'alors n'apportait pas aujourd'hui une image assez précise.

Ce hurlement de tout à l'heure, comme jamais auparavant il n'en avait entendu, renforçait la sensation d'être totalement étranger aux choses de sa propre race.

Il n'en avait pas souffert jusqu'à aujourd'hui.

Mais trop de points restaient incompréhensibles pour qu'il persistât dans son indifférence. Au-delà des tabous et des coutumes existait un mystère que son intelligence et ses idées neuves ne suffisaient pas à percer. Un dur secret qu'une vague appréhension quelquefois le rebutait de connaître.

Son ignorance le bouleversait. Jusqu'aux regards des chiens qui semblaient l'en blâmer.

Kingalik remit l'amulette sous le parka de son grand-père et se releva.

— Nous allons le rouler dans les fourrures, dit-il. Comme dans le passé.

Soigneusement, le corps d'Amaamak fut enveloppé dans les plus grandes peaux de caribou, le seul linceul qu'il souhaitât jamais. La tradition aurait voulu que l'on dépose avec lui ses objets les plus utiles, sa carabine, son couteau, indispensables pour continuer à chasser dans l'autre vie, mais Kingalik plaça seulement le couteau :

— Il préférait son harpon, précisa-t-il, nous le mettrons au village.

Puis nous retirâmes le caribou du traîneau pour installer le vieux chasseur à sa place, dans le sens de la marche, solidement maintenu par les lanières passées sous chaque traverse. Les autres peaux et le matériel furent répartis le long du corps afin de laisser à chaque extrémité la place de s'asseoir.

— Nous ne pourrons pas tout emporter, dit Kingalik, chargeons les quartiers de caribou et d'ours, et remettons la bête entière dans la cache.

Les blocs de neige furent soigneusement replacés et assemblés.

Les chiens, sentant le départ proche, commençaient à s'agiter. La plupart suivaient nos gestes avec intérêt, surtout Ayok. Il fallait les équiper. Les harnais à la main, Kingalik s'arrêta au devant.

— Une fois rentrés au village, on n'aura plus besoin d'eux, dit-il, j'ai ma motoneige. Je les donnerai à Apakaq.

Puis il s'approcha d'une chienne.

— Yooka va avoir des petits. L'un d'eux portera le nom d'Amaamak. Les vieux font toujours ça, pour que l'âme des chasseurs continue à voyager dans le pays après leur mort.

Kingalik regardait l'animal droit dans les yeux et, pour la première fois, perçait dans son expression une lueur de tendresse pour l'attelage de son grand-père.

— Une chose m'étonne, Kingalik, comment un loup a-t-il pu s'approcher à ce point d'Amaamak, juste à côté des chiens?

— Tous ces chiens ont du sang de loup, Ayok l'est même à moitié, mais le vrai loup en liberté reste plus rusé. Il sait que les chiens sont toujours attachés. On voit leurs traces très près des campements en hiver.

— Ils viennent voler de la nourriture?

— Oui, mais ils n'attaquent jamais personne, ils ont peur.

«Celui-là ne semble pas être un loup ordinaire, ajouta-t-il, pensif, il a fait l'inverse. Attelons les chiens et partons d'ici.»

Sans trop d'assurance, je l'aidai à placer les harnais. Docilement, les grands huskies nous laissèrent faire ce qu'ils ne permettaient qu'à Amaamak. Lorsque je m'approchais pour détacher l'animal, sa truffe humide parcourait un instant mes mains nues, et ce souffle chaud parvenant plus loin que l'épiderme établissait le contact. Arrivé à Yooka, mes doigts perclus de froid ne purent ouvrir le mousqueton. Un faux mouvement précipita ma main contre son nez. Elle referma dessus sa gueule aux crocs énormes, sans serrer, juste assez pour la retenir. La surprise et la peur me paralysèrent, alors la chienne relâcha sa prise et promena abondamment sa langue sur mes doigts. Ce fut l'unique incident, à part quelques grognements lorsqu'une patte trop raide prenait mal sa place à travers les courroies. Nous ne connaissions pas les positions exactes dans l'attelage, sauf celles des jeunes, pourtant aucune querelle ne vint souligner les confusions. Ayok, au bout du trait le plus long, surveillait les préparatifs. Lorsque chaque bête eut son harnais, il s'assit en avant, attendant l'ordre de partir.

Malgré sa hâte de quitter ces lieux, Kingalik s'attardait encore à la recherche d'un indice. Dans un dernier élan d'espoir, il rampa dans l'entrée de l'igloo. Bien qu'à part le réchaud et la bouilloire il ne restât plus rien à l'intérieur qu'un peu de suie au plafond et les reliefs du repas, il y demeura un moment, seul. Pour mieux revoir les images qu'il ne comprenait pas.

Lorsqu'il sortit avec les objets, il replaça le bloc de neige à l'entrée.

— Passe-moi la sculpture d'Amaamak, fit-il sèchement.

— Voilà.

Il la regarda avec attention, la tournant sous tous les angles, retirant son gant pour mieux palper un détail. Cherchant au bout de ses doigts ce que les mains de son grand-père avaient senti. Ce que ses yeux ne voyaient pas.

Il la découvrait.

Concentré tour à tour sur la tête du loup et la face diabolique derrière. Sur le profil aussi, qui combine si bien les deux. Il entendait dans sa tête la chanson improvisée par Amaamak. Les paroles lui revenaient distinctes et claires, mais désespérément hermétiques. L'amertume l'écrasait, de n'en avoir pas demandé le sens au moment opportun.

La pierre verte restait impénétrable.

Une simple sculpture que les Blancs admirent et achètent sans en connaître le message. «Mes pierres défient les Blancs», disait Amaamak, et la dernière qu'il façonna, la seule qui eût jamais intrigué Kingalik, restait pour lui aussi lourde de silence.

Comment imaginer qu'un homme puisse mettre autant de lui-même dans une pierre, autant de sa vie et jusqu'au secret de sa mort ?

Les manières et le langage d'Amaamak, que Kingalik considéra toujours comme désuets, ridicules survivances d'une époque noire comme la nuit polaire éclairée soudain par l'arrivée des Blancs, démarche ancestrale perpétuée, faisaient échec aujourd'hui à ses connaissances acquises auprès des étrangers. L'explication du drame appartenait au passé. Mais cette culture avait-elle tant de force qu'elle puisse encore braver la puissante civilisation venue du Sud ?

Toute sa vie, même à Igloolik, Amaamak vécut en Inuk. Sa mort ne sera-t-elle donc comprise que par quelques vieux Inuit, Mitiyuk, Kudlalaq, Ittoq, Apakaq...?[1] La Nature qui dicta tous leurs principes, qui commanda à leurs peines comme à leurs joies, qui régit leur existence, tel un maître suprême, dur et rarement magnanime, cette Nature omnipotente conservait-elle pareille emprise malgré la vie nouvelle envahissant l'Arctique ?

Kingalik se détacha de la sculpture, releva les yeux et découvrit les chiens qui attendaient. La plaine blanchâtre au-delà. Ayok le regardait fixement.

Le chien préféré de son grand-père !

---

1. En réalité, ce sont ces vieux Inuit, Mitiyuk, Kudlalaq, Ittoq, Apakaq, qui ont dicté à l'auteur l'explication du drame. Ils connaissaient bien l'histoire du loup blessé et leur culture ne permettait aucune autre issue : c'est l'Esprit du loup qui a tué Amaamak. Eux seuls ont vu des traces de crocs à son cou et, pour ne pas trahir le souvenir d'Amaamak, l'auteur a fini par les voir aussi. Il a pensé qu'une banale crise cardiaque était indigne d'un tel Inuk.

Seul maintenant à connaître le chemin du village. Dépendre d'un chien quand on s'appelle Kingalik, un jeune, évolué, qui a voyagé dans le Sud, qui comprend le langage des Blancs! Qui veut adopter leur vie!

Kingalik regarda à nouveau la pierre et se sentit profondément désemparé. Impuissant, vaincu devant ces formes humaines et animales qu'il n'arrivait pas à associer. Des souvenirs d'enfance surgirent dans sa tête. Des récits entendus sous l'igloo à une époque qu'il croyait avoir définitivement oubliée. Et ces choses mystérieuses qui l'effrayèrent alors l'inquiétaient bien davantage aujourd'hui. Il était plus faible encore pour les supporter.

Kingalik se tourna vers moi, l'air pitoyable, quêtant du regard un éclaircissement, une interprétation de la pensée des Blancs qui percerait la terrible énigme et lui apporterait l'apaisement. Mais le silence, le vide, l'émotion furent ma seule réponse. Alors, les traits de Kingalik se durcirent sous la déception. Ses yeux injectés de colère m'accusaient de son désarroi. Il jeta rageusement la sculpture dans la neige et se dirigea vers l'attelage sans plus rien voir autour de lui. Je ramassai prestement la pierre et sautai juste à temps sur le traîneau. Déjà les huskies s'élançaient sur les traces d'Ayok.

Kingalik hurlait en les fouettant de toutes ses forces.

Rapidement l'igloo s'estompait, absorbé par le relief, confondu derrière des tourbillons de neige poudreuse.

Du haut d'une colline, un grand loup blanc observait le traîneau s'enfonçant dans le vent. Un frisson le secoua, parti de son épaule estropiée pour stimuler son goût de vivre et sa méfiance envers les hommes.

Mais seuls les chiens d'Amaamak sauraient à jamais pourquoi.

Igloolik a bien changé depuis la mort d'Amaamak. Et non seulement Igloolik, mais l'Arctique tout entier car, depuis le 1er avril 1999, il y a le Nunavut. Le pays des Inuit. Certes, le blizzard y souffle toujours avec la même violence, mais ces « Eskimos », qui ne concevaient pas que la terre puisse appartenir à quelqu'un, savent dorénavant qu'une immense partie du « Dos du Monde » est bien à eux. Ils y sont maîtres d'organiser leur vie comme ils l'entendent et Igloolik, incessant carrefour au riche passé, est naturellement devenue la capitale culturelle de ce nouveau pays. Le siège du ministère de la Culture, de la Langue, des Aînés et de la Jeunesse.

Un centre de recherche très actif s'emploie depuis des années déjà à recueillir, conserver et transmettre aux jeunes un héritage culturel unique en Arctique. La tradition orale est relayée par la télévision et deux sociétés de production vidéo trouvent ici matière aux émissions diffusées dans le Nunavut.

Bien que l'inuktitut demeure la langue principale, Igloolik est résolument tournée vers l'extérieur. La population atteint maintenant plus de 1200 habitants. Beaucoup d'entre eux chassent encore le phoque et savent construire un igloo, mais c'est en motoneige qu'ils parcourent la banquise et par courrier électronique qu'ils correspondent avec le Sud.

Le voyageur arrivant à Igloolik trouvera deux hôtels confortables, tandis que le touriste sera accueilli par le Hamlet Office, qui le guidera vers les sites archéologiques ou bien, selon la saison, vers le ski de fond, le traîneau, la randonnée, l'observation de la faune ou le kayak. Et lui indiquera aussi où acheter ces incomparables pièces d'art inuit toujours sculptées ici.

En moins de cinquante ans, Igloolik est passée de l'âge de la pierre à l'ère électronique, mais ce bond spectaculaire n'est pas toujours synonyme de vie meilleure. Si les plus vieux regrettent parfois l'ancien temps, les jeunes, faute de repères, se sentent déboussolés. Ni l'école ni le collège ne parviennent vraiment à leur indiquer la voie entre un passé pesant et un avenir incertain. Et, ici aussi, leurs doutes s'accompagnent des pires maux de nos sociétés industrialisées.

À Igloolik, on n'a toujours pas oublié les trente et une façons de désigner la neige, mais, avec le réalisme de ce peuple patient, on place aussi beaucoup d'espoirs dans ce tout récent Nunavut. Le rêve de Kingalik est en train de se réaliser.

Juin 1999

Lexique des mots inuit

Agleruti : tabou.

Agloo : trou dans la glace par où respirent les phoques.

Aîveq : morse.

Akluni : il y a longtemps.

Amaroq, pluriel **amarit :** loup.

Amautik : grand capuchon dans lequel la femme porte son bébé.

Angatkuq : sorcier, chaman.

Aqiggeq, pluriel **aqiggît :** perdrix.

Arqonaliudzaq : prisonnier de la tempête.

Atigi : vêtement du haut, parka.

Ayagaq : bilboquet (tête de renard ou de lapin).

Ayornarman : on n'y peut rien, c'est la fatalité.

Egak, pluriel **egat :** lunettes de soleil en os.

Hila : esprit du vent.

Igloo : maison en général, pas seulement de neige.

Illiq : dans l'igloo, banquette (et lit) de neige.

Inuk, pluriel **Inuit :** homme.

Inuganngoat : jeu d'osselets (phalanges de nageoire de phoque).

Inukshook : empilage de pierres représentant une silhouette humaine.

Inuttituut : l'inuktitut, la langue des Inuit.

Ipérautak : long fouet à court manche tressé.

Kaglulik : huart, plongeon.

Kakivak : trident en os ou bois de caribou.

Kakvik : carcajou.

Kamik, pluriel **kamit :** botte en peau de phoque.

Kamotiq : traîneau.

Kângneq: faim.

Katterineq: foule.

Kilaut: grand tambour plat.

Kiviak, pluriel **kiviat**: oiseau de mer.

Kiviuk: héros légendaire.

Mipko: viande séchée au soleil.

Nanook: ours blanc.

Nassik: phoque.

Ndartsik: étoile Véga.

Nerdlupivoq: tout droit.

Nuliayuq: esprit de la mer.

Nuluak: filet à poisson.

Omayorsioreaq: chasse.

Ookpik: harfang des neiges.

Pionngitoq: pas bon.

Qablunaq, pluriel **Qablunat**: homme blanc («longs sourcils»).

Qagli: grand igloo des danses.

Qammeongittoq: temps anciens.

Qemuksitoq: voyage en traîneau.

Qimudjuk, pluriel **qimudjit**: strie dans la neige.

Qingaq: trou d'aération de l'igloo.

Qingmeq, pluriel **qingmît**: chien.

Qingneq: cache à viande.

Quarlik: pantalon en peau.

Saonneruti: piège fait d'un os enrobé de graisse.

Saputit: barrages de pierres.

Savikaok, pluriel **savikaot**: piège fait d'un os dépassant de la glace mêlée de sang.

Seqineq: soleil.

Siksik: écureuil de terre.

Taîma: on est prêt.

Tatqiq : esprit de la lune.

Teriganniaq, pluriel **teriganniat :** renard.

Tigmierpak : gros oiseau; avion.

Tî : thé.

Tîliorpoq : faire du thé.

Tuksiareaq : propitiation.

Tuktu : caribou, renne arctique.

Tupilak : mauvais esprit venant de la terre.

Udlasauti : trappe à renard, à loup.

Ukioq : hiver.

Umiaq : bateau de peau pouvant contenir plusieurs personnes.

Table des matières

Transcontinental
IMPRESSION
IMPRIMERIE GAGNÉ